KATE MÈNE L'ENQUÊTE

GINGER-NUT
REINE DE LA ROUE !
MB

HANNAH PECK

KATE MÈNE L'ENQUÊTE

GALLIMARD JEUNESSE

Titre original : *Kate on the Case*

Édition originale publiée au Royaume-Uni
en 2020 par Piccadilly Press,
une filiale du groupe Bonnier Books UK.

Tous les personnages et événements cités dans ce livre
(excepté ceux qui font partie du domaine public) sont fictifs.
Toute ressemblance avec des personnes réelles, vivantes ou décédées,
ne serait que pure coïncidence.

Maquette : Anne-Cécile Pionnier

Loi n° 49-956 du 16 juillet 1949
sur les publications destinées à la jeunesse
ISBN : 978-2-07-516145-9
N° d'édition : 599815
Dépôt légal : mars 2023
Imprimé en France par Estimprim

PEFC™ 10-31-1093 / Certifié PEFC / pefc-france.org

KATE

NOTRE PERSONNAGE PRINCIPAL
ET REPORTER STAGIAIRE

ET ROBERTO : SON MEILLEUR AMI ET SUPPORTER,
SOURIS DE SON ÉTAT

PRÉSENTATION OFFICIELLE des PERSONNAGES PRINCIPAUX

S.C
TOP SECRET
Catherine Rodriguez
CHLOÉ
ZOÉ
CHAMPIONNE !
PAPIERS OFFICIELS
M. BILLY
Prénom : LORD
Nom : TRUFFIGNOL
BILLET
P9
LE PRÊTRE RUSSE
Mlle BONBON
CRÉATRICE TEXTILE
GYMNASTE
SOMMELIÈRE
AVENTURIÈRE EN TOUT GENRE

Le TRAIN
COUCHETTE DE SIMON
CHAUD
1
VOITURE-RESTAURANT
COMPARTIMENTS-COUCHETTES 1-6
Suite n°7

BIENVENUE À BORD !

POUR TOUTE QUESTION, ADRESSEZ-VOUS
À UN AUTRE VOYAGEUR, OU BIEN FAITES
UNE RECHERCHE À LA BIBLIOTHÈQUE.
BON VOYAGE !

SIMON
(APPRENTI CONDUCTEUR)

PRESS
No. 26

Chapitre 1

Kate s'apprêtait à monter à bord du train. Elle avait emporté un sac à dos avec assez de vêtements pour la semaine et tenait à la main son précieux manuel de reporter. Quant à Roberto, son souriceau, il était blotti dans la poche de son manteau.

– Dépêche-toi, Kate ! la pressa son père.

Il se fraya un chemin dans la foule en jouant des coudes (il était très costaud) et la poussa vers le marchepied.

– Si on rate ce train, on devra attendre la semaine prochaine pour rejoindre maman !

La mère de Kate était une scientifique, sur le point de faire une découverte époustouflante au sujet d'une algue de l'Arctique. Kate avait reçu une lettre d'elle la veille. Elle était encore toute glacée quand elle l'avait sortie de l'enveloppe. Voici ce qu'elle disait :

Comme sa mère ne pouvait quitter son poste, l'Association Polaire Internationale payait le voyage à Kate et à son père. Et le seul moyen de se rendre là-bas était un train à vapeur – celui-là même qui allait partir d'une minute à l'autre. Un beau train bleu, rutilant malgré son grand âge.

Kate allait monter à bord lorsque, dans l'espace sombre sous le wagon, elle vit étinceler deux yeux dorés. Mais ils disparurent aussi soudainement qu'ils étaient apparus.

– T'as vu ça, Rob ? souffla Kate en direction de sa poche.

La souris émit un couinement qui signifiait clairement :

– Oui, et ça ne me plaît pas vraiment…

Mais ils n'eurent pas le temps de s'appesantir sur le sujet, car le père de Kate les souleva de terre pour les déposer sur le parquet ciré de la voiture.

– Restez là, mes chéris. Je vais voir où se trouve notre compartiment.

Le train était encore plus beau à l'intérieur qu'à l'extérieur. Chandeliers en or et lampes à abat-jour en velours éclairaient les tables de bois sombre, où étaient alignées des clochettes en argent aux étiquettes variées – ça allait de « Merci de me servir un verre de jus d'orange » à « Je voudrais des bouchons d'oreilles, s'il vous plaît ».

« Même les coussins sont croquignolets ! » pensa Kate en grimpant sur un fauteuil pour poser son derrière sur le plus gros et le plus moelleux coussin qu'elle ait jamais vu.

Sauf qu'il ne s'agissait pas d'un coussin.

C'était un chat. Un chat furibond qui fit le gros dos, sortit ses griffes acérées et se jeta sur Kate et Roberto.

Par chance, le chat avait surestimé sa capacité à voler… et il s'étala comme une grosse crêpe poilue sur le plancher.

Quand elle eut retrouvé son sérieux (après un bon fou rire), Kate remarqua :

– T'as vu, Rob ? Les yeux qu'on a aperçus sous le train, ce devaient être ceux de ce gros patapouf.

– Pardon…, fit une voix sifflante dans leur dos.

Kate se retourna et se retrouva face à une vieille dame maigre comme une fouine, qui brandissait une canne pointue, surmontée d'un énorme diamant.

– … mais ce « gros patapouf » s'appelle Lord Truffignol. Vous lui devez des excuses.

– C'est quoi, ce nom ? couina

Roberto, pris d'une nouvelle crise de fou rire incontrôlable.

La dame à l'air de fouine plissa les yeux.

– Lord Truffignol Troisième du nom est cent vingt pour cent pure race… et il est le dernier représentant de son espèce !

Kate considéra le chat, qui venait de fourrer une patte entière dans sa bouche. De fait, il louchait, menaçant de s'étouffer.

– Pas étonnant qu'il soit le dernier de son espèce, chuchota-t-elle à Roberto.

La dame venait d'ouvrir ses lèvres violettes toutes fines pour continuer à les houspiller quand un jeune homme gringalet monta à bord du train, chancelant sous une montagne de bagages. Il était vêtu d'un uniforme bleu et or où était épinglé un badge :

– Pardon, Madame Maude. Pardon, petite fille et souris ! claironna-t-il. Voilà les bagages !

Tout le monde s'écarta. Enfin, tout le monde sauf – eh oui, forcément – Lord Truffignol, trop occupé à contempler son reflet grimaçant dans un vase.

Lorsque, le soir, Kate raconterait la scène qui suivit dans son journal, elle la décrirait comme « le chaos le plus total ».

Simon marcha sur la queue de Lord Truffignol. Le chat poussa un miaulement perçant :

– MIIIIIIAAAAAAAAOOOOOUUUUU !

La pile de bagages s'écroula. Il y en avait partout !

Une culotte frôla le nez de Kate avant de s'accrocher à un chandelier. Un dentier claqua des dents sous une table. Un bocal d'œufs durs conservés dans le vinaigre roula dans le couloir.

Une collection complète de trophées en or s'échappa d'une petite valise rouge et atterrit avec fracas aux pieds de Madame Maude.

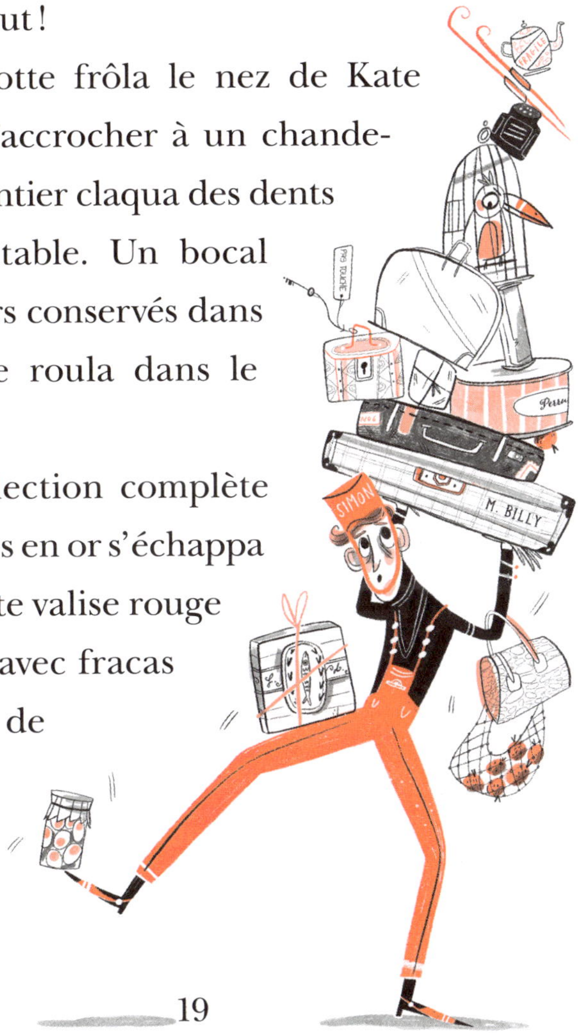

Cher journal,
Zoé m'énerve !
Elle ne veut plus
me servir de cible
pour le lancer de
couteaux. Elle a
Juste perdu
un doigt, la
dernière fois,
dont elle ne se
sert même
pas.
Perruques
Ticket
76 767
ENDRES DE MAMIE
(CE N'EST PAS DU SEL !)

PASSEPORT
M. BILLY
ETTES DE LUXE
OUR CHATS

Au milieu de tout ce bazar, Kate vit une lueur briller dans les yeux de pie de Madame Maude.

– Dé-dé-désolé, bégaya Simon, à genoux par terre, tentant désespérément de fourrer les affaires éparpillées dans n'importe quelle valise.

Il saisit le bocal d'œufs durs, se releva… et boum ! percuta de plein fouet la canne pointue de Madame Maude… qui se retrouva aspergée de jus d'œuf !

Silence.

Elle se figea sur place, toute dégoulinante. Puis elle jeta un long regard noir à Kate avant de faire volte-face, dans le bruissement d'étoffe de son manteau noir. Elle s'éloigna dans le couloir à grands pas, suivie par un Lord Truffignol tout hérissé.

FRAGILE

– Je n'aime pas beaucoup cette dame, conclut Kate en se mettant à quatre pattes pour aider Simon à ramasser le bric-à-brac.

– Madame Maude, fit Simon, rouge comme une tomate trop mûre, est notre passagère la plus prestigieuse. Il paraît qu'elle était très célèbre à une époque.

– Célèbre pour quoi ? marmonna Roberto. Parce qu'elle est riche et mal embouchée ?

– Elle n'est pas simplement malpolie, murmura Kate. Il y a quelque chose qui cloche chez elle. Ça ne sent pas bon… et ce n'est pas à cause des œufs durs !

Chapitre 2

Kate n'appréciait guère Madame Maude, mais elle n'allait pas laisser ce détail assombrir son humeur alors qu'elle avait un train entier à explorer et, à n'en pas douter, de multiples secrets à percer en tant que reporter-enquêtrice.

Avec Roberto, ils découvrirent : une petite bibliothèque pleine de vieux livres – où ils croisèrent un prêtre russe pensif, en grande conversation avec un homme à l'air blasé répondant

au nom de M. Billy; une voiture-salon – dont le plafond de verre laissait entrevoir un ciel d'hiver rosé; une impressionnante voiture-restaurant; et enfin, les cuisines.

Derrière la porte argentée, ils trouvèrent Simon l'apprenti conducteur qui touillait une mixture beige bouillonnante en jetant des regards inquiets à son livre de recettes, une cuillère en bois dans une main et un torchon dans l'autre.

– Un soupçon de Tabasco, marmonnait-il entre ses dents. Un « soupçon » ? C'est quoi, un roman policier ?

– Vous ne devriez pas être aux commandes du train ? s'inquiéta Kate.

En l'entendant, il sursauta.

– Kate ! L'accès aux cuisines est FORMELLEMENT interdit aux enfants et aux petits animaux.

Il agita son torchon sale dans leur direction.

– Il y a des couteaux partout ! Ouste !

– Je n'ai pas hâte de prendre mon petit déjeuner, si c'est ça qui est au menu, remarqua Roberto alors qu'ils remontaient le train, les poches pleines de petits pains, subtilisés pour cette raison même.

Ils passèrent le restant de la soirée dans leur compartiment,

petit mais douillet, en compagnie de papa. Pendant que celui-ci défaisait les bagages, alignant ses différentes bouteilles d'après-rasage selon le parfum qui convenait à tel ou tel moment de la journée, Kate installa la chaussette de couchage de Rob sur son oreiller.

C'est au petit déjeuner, le lendemain matin, que le drame arriva. Tous les passagers étaient dans la voiture-restaurant, s'efforçant de ne pas garnir leurs vêtements d'œufs brouillés coulants (mais toujours mieux que la bouillie que Kate avait aperçue la veille en coulisse) lorsqu'une voix haut perchée interrompit leurs conversations.

C'était Mlle Bonbon, très élégante avec ses innombrables foulards. Ils avaient pris grand

plaisir à discuter avec elle la veille au soir, mais voilà qu'elle surgit sur le seuil, en robe de chambre, l'air complètement bouleversée.

– Ils ont t-t-tous disparu ! annonça-t-elle. Mes trophées de gymnastique. Tous les seize ! Un concert de « Quoi ? » et de « Bonté divine ! » résonna dans le wagon, ainsi que deux « Elle est vraiment incroyable ! » prononcés en chœur par des jumelles aux tresses rousses.

Seule Madame Maude se taisait, sirotant son eau bouillante, Lord Truffignol sur les genoux.

– Je ne voudrais pas en rajouter, intervint Simon l'apprenti conducteur, couvrant le brouhaha, mais il n'y a pas que les trophées, qui ont disparu.

Le silence se fit instantanément dans la voiture-restaurant.

– Les trois paquets de biscuits au gingembre saveur intense que je cachais sous ma couchette… volatilisés ! annonça-t-il d'un ton mélodramatique.

Nouveau silence.

– Mais ça ne compte pas, ça, enfin ! s'exclama Chloé au fond de la voiture.

– C'est infâme, les biscuits au gingembre ! renchérit Zoé. Vous avez vraiment des goûts bizarres !

tonna une voix d'homme. Le père de Kate était monté sur sa chaise et il paraissait encore plus costaud que d'habitude. Tout le monde se tut et le regarda.

– On peut continuer à se disputer pour des biscuits pendant que nos œufs brouillés se figent dans nos assiettes, mais ce serait vraiment mal commencer la journée. Ou alors on peut discuter posément. Ne nous emballons pas ! Rien ne prouve que ce train soit une scène de crime, enfin ! Je suis sûr qu'il y a une explication logique.

Les larmes aux yeux, Simon avala sa salive et murmura, plein d'espoir :

– Tout n'est pas perdu pour mes biscuits, alors ?

– D'accord, marmonnèrent les autres passagers.

– Et mes trophées ? insista Mlle Bonbon, toujours bouleversée. Sans mes coupes, qu'est-ce qui prouve que je suis la grande reine de la roue arrière sur poutre !

– On va fouiller tout le train, promit le père de Kate en descendant de sa chaise. Elles doivent bien être quelque part ! L'essentiel est de garder son calme.

Les passagers reprirent leur repas, mais l'atmosphère s'était singulièrement refroidie – et ce n'était pas dû aux flocons de neige qui venaient de se mettre à tomber dehors.

– On a vu les trophées hier quand Simon a fait tomber les bagages, chuchota Kate à Roberto qui était assis dans une tasse de thé vide. Et Madame Maude les a lorgnés, Rob !

– Tu ne peux pas l'accuser simplement parce qu'elle a posé les yeux dessus, répondit-il en grignotant un coin de toast. Moi aussi, je les ai admirés !

– Oui, seulement… elle avait un regard… Elle se léchait presque les babines !

– Mais elle a un diamant énorme ! Elle n'est pas dans le besoin !

– Ah, Roberto, fit Kate, tu n'as pas entendu le prêtre russe hier soir ? Plus tu es riche, plus tu veux être riche !

– Je ne vois pas ce qu'il en sait, marmonna le souriceau.

Mais Kate ne l'écoutait plus. Elle était plongée dans son manuel de reporter. Si quelqu'un

pouvait être de bon conseil, c'était son auteur, son idole, Catherine Rodriguez.

Elle était déterminée à résoudre ce mystère. Les lèvres de Madame Maude avaient beau être scellées comme un bocal de cornichons, ça n'empêcherait pas Kate d'interroger tous les autres.

DOIS-JE METTRE UN TAILLEUR ?
NON, PAS OBLIGÉ.

COMMENCER VOTRE ENQUÊTE

Il faut d'abord définir exactement de quoi vous allez parler et en quoi c'est important. Au début de ma carrière, tout juste sortie de l'école de journalisme, j'ai écrit de nombreux articles sur des sujets qui me tenaient à cœur, mais qui n'intéressaient pas grand monde à part moi (par exemple, la passionnante histoire du kaki). Votre enquête doit captiver les lecteurs et leur apporter des informations essentielles. Alors, commençons par le commencement :

OUI !

- Avez-vous remarqué des événements étranges ?
- Certaines personnes ont-elles un comportement suspect ?
- Avez-vous des raisons de penser que toute la vérité n'est pas faite sur une affaire ?

Après avoir répondu à ces questions, vous devez trouver un angle d'attaque. Une INTERVIEW est un excellent moyen d'entrer dans le vif du sujet.

Dans une couchette ?

COMMENT MENER UNE INTERVIEW

Les meilleurs articles donnent la parole à d'autres protagonistes de l'affaire également. On ne sait jamais quel éclairage original ils peuvent apporter ni quel indice capital ils peuvent fournir.

Trouvez un cadre tranquille et silencieux pour votre interview. Vous pouvez prévoir des biscuits.

Commencez par faire la conversation pour mettre votre interlocuteur à l'aise, cela vous permettra d'aborder ensuite des sujets plus intéressants. N'ayez pas peur des silences. Vous pouvez vous contenter de hocher la tête. Mais surtout, notez bien tout.

ASTUCES POUR ÊTRE TOUJOURS PRO

FAIRE DES PROGRÈS EN ORTHOGRAPHE

Assurez-vous d'avoir bien mangé avant.

Estomac vide = tête vide.

Écrivez au crayon, pas au stylo. Vous pouvez faire des erreurs, ça arrive à tout le monde.

Catherine Rodriguez

PAPA

Chapitre 3

Il n'était pas encore midi (mais onze heures trente-six, pour être précis) que la couchette de Kate n'avait plus rien d'une couchette. C'était une agence de détective.

Elle voulait commencer par interroger les jumelles du compartiment 6: Chloé et Zoé. Leurs nattes rousses étaient si longues qu'elles pouvaient s'asseoir dessus mais, pour le moment, elles les mâchouillaient nerveusement.

– Nous avons passé la soirée d'hier dans notre compartiment, affirma Zoé.

– Oui, confirma Chloé.

– À quoi faire ? demanda Kate.

– Rien de spécial.

– Rien du tout ?

– Non, fit Chloé. Enfin… si.

– Alors c'est oui ou c'est non ? insista Kate qui se voyait déjà faire une illustre carrière en tant que détective.

– C'est oui, se reprit Chloé.

– Mais non, la contredit sa sœur en lui donnant un petit coup de natte.

– Allez, on peut bien lui dire, soupira Chloé.

– D'accord, mais il ne faut pas le répéter. Promis, Kate ?

La jeune enquêtrice posa solennellement la main sur son manuel de reporter.

– Vous avez ma parole.

– On s'est enfuies pour rejoindre un cirque, expliqua Chloé. C'est difficile à croire, mais on n'avait pas le choix. Il n'y a aucun cirque qui passe sur notre petite île écossaise. Et hier soir, on s'entraînait pour notre numéro.

– Je vois, fit Kate en s'efforçant de ne pas montrer qu'elle était impressionnée. Et vous avez besoin d'accessoires pour ce numéro ? Des trophées pour prouver que vous êtes des championnes ? Des biscuits pour… hum… vous donner des forces ?

– Non. On a juste volé des ustensiles de cuisine à notre grand-mère, avoua Zoé. On voulait essayer le lancer de couteaux mais Chloé s'est énervée au premier petit bout de doigt coupé.

L'intéressée haussa les épaules.

– Désolée, j'ai tendance à être un peu mélodramatique. En fait, nos tresses sont l'élément central de notre numéro. On s'en sert comme corde à sauter, comme lasso… ou pour faire des figures acrobatiques, ce genre de choses.

– Je vois, fit Kate en acquiesçant comme si elle était experte en arts du cirque.

« Elles n'ont aucun mobile », réalisa-t-elle, dépitée, en rayant les jumelles de la liste établie par Roberto, avant de les congédier.

Ce fut ensuite au tour de Simon, l'apprenti conducteur.

– Depuis combien de temps êtes-vous apprenti ? le questionna-t-elle.

– Trois ans, sept mois et quinze jours, répondit-il gaiement.

– C'est très long, comme formation, dites donc…

Simon haussa les épaules.

– Je fais de mon mieux… et il y a beaucoup à faire dans ce train, vous savez.

Après l'avoir vu aux fourneaux la veille, Kate ne pouvait qu'acquiescer. Mais elle n'était pas là pour bavarder. Il était temps de faire monter un peu la pression.

D'une voix basse et grave, pour un maximum d'effet, Kate reprit :

– Et que faisiez-vous hier soir quand les trophées de Mlle Bonbon ont disparu ?

– J'étais en train de lire.

– Ce n'est pas un très bon alibi.

– Oh, Kate ! Tu es vraiment très douée ! s'exclama son père, tout fier, levant la tête des serviettes qu'il était en train de plier en forme d'animaux. Qui aurait cru que tu deviendrais si…

– Papa ! protesta-t-elle. Je suis en plein interrogatoire ! Je travaille !

– Oups, désolé.

C'était le moment de poser la question finale.

– Et qu'est-ce que vous lisiez ?

– *Les Trains de A à Z – fonctionnement et maniement*. Je ne sais pas ce que je ferais sans ce livre ! Vous saviez que ça marche à la vapeur ?

Pour finir, Kate interrogea le prêtre russe. Il avait l'air gentil et précisa d'entrée de jeu que voler était formellement interdit pour un prêtre.

– En plus, je suis allergique au gluten, ajouta-t-il dans un murmure. Alors les biscuits au gingembre, très peu pour moi ! Rien ne vous vide un lieu de culte plus vite que la visite surprise d'un esprit malodorant !

– Qu'est-ce qu'il raconte ? demanda Roberto à voix basse.

– Un gaz, expliqua Kate. L'« esprit malodorant », c'est un pet.

Mais au moment de quitter le compartiment, le prêtre se retourna.

– Tiens, ça vous intéressera peut-être, dit-il. Il m'est arrivé une chose étrange, ce matin.

Kate se pencha, intriguée.

– Oui ?

– Quand je me suis réveillé, mes parchemins antiques avaient disparu.

– QUOI ?! s'exclama-t-elle. Un autre vol ! Vous auriez dû nous le dire plus tôt.

– Je ne suis pas très attaché aux choses matérielles, se justifia le prêtre. Et puis, je les connais par cœur, à force, vous savez ! Mais bien sûr, je prie pour qu'ils me reviennent au plus vite.

– C'est énorme, Roberto, chuchota Kate en écrivant le plus vite possible.

Avez-vous remarqué quelque chose de particulier sur les lieux du crime ?

– Non, pas vraiment, dit le prêtre. Elles devaient sûrement déjà être sur mes chaussons quand je les ai achetés.

– Quoi donc ?

– Les moustaches.

Une fois seule avec Roberto, Kate s'exclama :

– Tout s'explique ! Qui, à bord de ce train, possède des moustaches ?

– Lord Truffignol ! souffla le souriceau.

– Exactement ! Or Madame Maude refuse de répondre à mes questions. Si ce n'est pas suspect, ça, alors, je ne m'appelle plus Kate ! On va devoir aller fureter dans son compartiment incognito…

Chapitre 4

Hélas, les deux amis durent très vite se rendre à l'évidence : ça n'allait pas être si facile de pénétrer dans le compartiment de Madame Maude. Pour commencer, elle n'avait pas un simple compartiment, comme les autres passagers.

– Oh non ! s'était exclamé Simon quand Kate lui avait posé la question. Elle a la suite n° 7 pour elle toute seule.

– On est mal, Rob, soupira Kate.

Ils étaient dehors, au milieu des flocons tourbillonnants, assis sur la petite plateforme au bout de la voiture-restaurant, les pieds pendant dans le vide. Il faisait un froid à ne pas mettre un souriceau dehors, mais c'était le seul endroit où ils pouvaient avoir une conversation privée.

– Comment va-t-on faire pour savoir ce que mijotent Madame Maude et son maudit chat ?

Kate tira son manuel de reporter de la poche de son manteau, en prenant garde à ce que le vent glacial n'arrache pas les pages.

– Voyons ce que notre amie Catherine nous conseille pour faire diversion…

DIVERSIONS

Faire diversion pour obtenir des informations est une technique de reporter aguerri. Il peut être utile de distraire un instant quelqu'un afin de subtiliser un document important sur son bureau. Ou de lui faire quitter la pièce pour fouiller des archives top secrètes et potentiellement compromettantes.

Dans tous les cas, vous devez préparer votre diversion avant d'agir. Voici comment procéder :

Qui devez-vous distraire ?

MADAME MAUDE !!

De quel genre de personne s'agit-il ?

UNE VIEILLE DAME DIABOLIQUE, ENRAGÉE, QUI CACHE PLEIN DE SECRETS.

Quels sont ses centres d'intérêt ?

LES CHATS ? LES ŒUFS DURS.

APPROUVÉ

EXEMPLES

Oxford, Angleterre – 1997

J'ai utilisé un *Oisivolus extraordinarus* mécanique pour détourner l'attention du professeur V. O. Latil, le temps de photographier sa machiavélique invention.

(voir fig. 2)

Milan, Italie – 1967

Impressionnés par la hauteur et le décor du gâteau réalisé spécialement, les cibles de l'opération « Chic clic » n'ont pas remarqué l'appareil photo caché sous la crème, au sommet de la pièce montée.

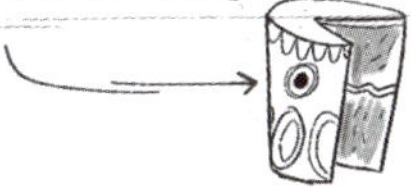

OPÉRATION « CHIC CLIC », 1967

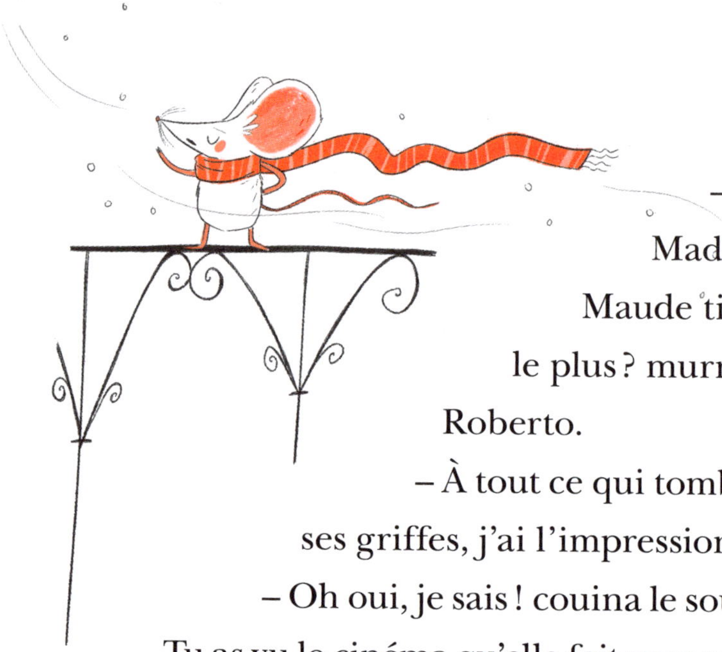

– À quoi Madame Maude tient-elle le plus ? murmura Roberto.

– À tout ce qui tombe entre ses griffes, j'ai l'impression…

– Oh oui, je sais ! couina le souriceau. Tu as vu le cinéma qu'elle fait avec son chat ! Je parie qu'elle le suivrait au bout du monde !

– Mais comment attirer Lord Truffignol ? Tu as une i…

– Je suis une souris. C'est un chat.

Kate mit un temps avant de comprendre.

– Oh non, Rob ! Pas question que tu serves d'appât !

Roberto se redressa de toute sa hauteur (soit cinq millimètres de plus que d'habitude, environ).

– Je suis petit par la taille, mais grand par le courage. Et j'ai beau être un souriceau, j'ai sûrement un plus gros cerveau que cette boule de poils parfumée à la lavande. Je suis quand même plus malin que ce chat crétin.

– Bien sûr, Rob, tu es plus malin, mais lui, c'est un félin. Il pourrait t'attraper. Et alors qu'est-ce que je ferais sans toi ?

Cependant, Kate finit par se laisser convaincre, et les deux amis retournèrent dans leur compartiment pour échafauder un plan certes un peu fouillis, mais très audacieux.

VOITURE-RESTAURANT
CACHETTE
COMPARTIMENTS-COUCHETTES 1-6
SOUS LE LIT ?
Suite n°7

VOITURE-SALON
R. SE FAUFILE SOUS LES PORTES. LT NE PEUT PAS LE SUIVRE.
BAGAGES
BIBLIOTHÈQUE
BIENVENUE À BORD !
POUR TROUVER CE QU'ELLE CACHE !
LES TROPHÉES ?
!!
À FOUILLER

Chapitre 5

Tout était prêt. Il était trois heures de l'après-midi et les environs étaient déserts. L'air aussi détaché que possible, Kate et Rob traversèrent la voiture-restaurant, la voiture-salon, des kilomètres et des kilomètres d'interminables couloirs au parquet ciré, puis enfin le compartiment à bagages, avant d'atteindre leur but.

La porte de la suite n° 7 était en bois foncé, encore plus rutilante que les autres. Rob sortit

7
NE PAS DÉRANGER

de la poche de Kate pour sauter au creux de sa main. Elle l'embrassa sur la truffe puis le posa par terre où il sautilla un instant sur place afin de s'échauffer. Puis il prit une profonde

inspiration avant de se glisser sous la porte pour s'introduire dans les appartements de Madame Maude.

Kate fixa la porte, le cœur battant, en se demandant avec angoisse ce qui attendait le courageux souriceau de l'autre côté. Et vite, elle fila se cacher derrière un immense vase, juste à temps !

La porte s'ouvrit et une boule de poils jaillit comme un boulet de canon. Au passage, Kate vit étinceler les dents aiguisées du félin. Le plan de Roberto avait intérêt à fonctionner !

Madame Maude allait sûrement se lancer à la poursuite de son chat.

Kate attendit… en vain.

« Mais bien sûr ! » se dit-elle. Madame Maude n'était pas du genre à courir. Elle ne s'abaisserait même pas à trottiner.

Le cœur de Kate s'emballa. Il fallait faire quelque chose, mais quoi ?

Elle jeta un coup d'œil dans le spacieux compartiment de la vieille dame et la vit, étendue sur son lit, avec des tranches de cornichon sur les yeux. « Positivement répugnant, pensa Kate. Et elle n'a même pas remarqué que Lord Truffignol avait disparu ! »

Elle se creusa les méninges. Qu'aurait fait Catherine Rodriguez dans ce cas précis ? Kate

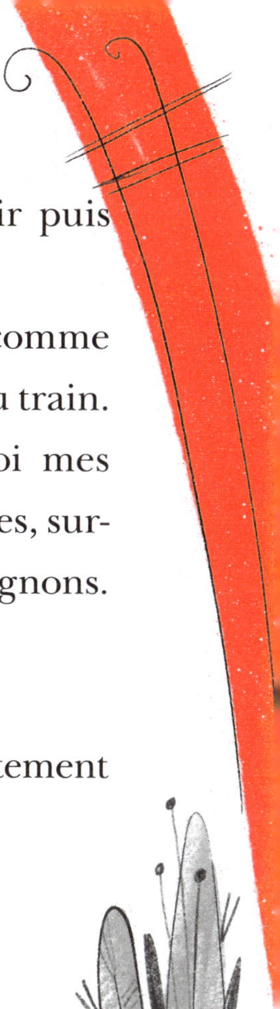

se pinça les joues pour les faire rosir puis déboula dans le compartiment.

– Ma-madame Maude, haleta-t-elle comme si elle avait couru depuis l'autre bout du train.

– C'est vous, Simon ? Apportez-moi mes pantoufles, voulez-vous. Pas les blanches, surtout, vous savez qu'elles m'irritent les oignons.

– N-non, c'est moi, Kate !

Silence.

– Lord Truffignol est devenu complètement dingo. Il essaie d'attraper ma souris !

Madame Maude bâilla.

– Et il a bien raison.

Kate rougit pour de vrai, cette fois. Comment osait-elle ?

– Et il a mangé une montagne d'œufs en chocolat !

– Ce CHAAAAAT !

Madame Maude envoya voler ses tranches de cornichon et sauta sur ses pieds pleins d'oignons.

– Il va être

MALADE !

Et sur ces mots, elle quitta enfin sa suite – mais à petits pas maniérés et non avec la vivacité que Kate avait espérée.

Chapitre 6

À l'intérieur du compartiment de Madame Maude, on se serait cru dans un coffret à bijoux géant. Tout était velouté, pailleté, et le tchouc-tchouc du train était étouffé par l'épaisse moquette mauve et les lourds rideaux. Tout était luxueux, coquet.

Il n'y avait pas une seconde à perdre. Kate connaissait les trois cachettes secrètes les plus répandues. Numéro un : sous le lit. Mais non, il n'y avait rien à part quelques boîtes

vides de pâtée Miaou-Miam des Mers.

Numéro deux : dans le tiroir à sous-vêtements. Mais il n'y avait rien non plus à part une poignée de culottes rapiécées. « Bizarre qu'elles soient si usées, s'étonna Kate. Elle a pourtant les moyens de s'en acheter des neuves, non ? »

Le troisième endroit où les gens cachaient habituellement des choses, c'était à la vue de tous. Kate balaya la pièce du regard. C'était évident ! Sur la coiffeuse trônait un coffret en argent. Elle s'approcha. Il était vieux et terni, avec un étrange motif gravé sur le couvercle : deux fouets croisés formant un X.

Kate le souleva, le cœur battant, sûre

qu'elle allait découvrir quelque chose d'extrêmement important. À l'intérieur se trouvait une liasse de papiers jaunis.

Des articles de journaux !

Mais elle n'avait pas le temps de les lire sur place. Elle glissa le coffret sous son pull et fila vite hors du compartiment.

Les couloirs étaient silencieux et déserts.

Où était donc passé Roberto ? Kate se dépêcha de traverser le compartiment à bagages et les compartiments-couchettes pour aller dans la voiture-salon.

Son père faisait la sieste dans un fauteuil. Les jumelles jouaient au Scrabble. Mlle Bonbon était plongée dans la lecture d'*Aventures pour Accros à l'Adrénaline.* Aucune trace de Lord Truffignol, de Madame Maude, ni de – *gloups* – Roberto.

– *Pssst !* Par ici !

Le cœur de Kate fit un bond dans sa poitrine.

– Rob ?

Il était perché sur une tringle à rideaux, mais glissa le long du velours – *swich !* – pour atterrir dans la main de Kate.

– Qu'est-ce qui s'est passé ? Pourquoi il n'y a aucun bruit ?

– Il s'avère que Lord Truffignol ne fait pas la différence entre une vraie souris et le reflet d'une souris. Il a cru que j'étais caché dans un vase et a plongé à l'intérieur.

– Bien joué ! s'esclaffa Kate. Où est Madame Maude ?

– Avec Simon, en train d'essayer de faire ressortir le chat du vase. Alors, qu'est-ce que tu as trouvé ?

– Je ne sais pas encore exactement. En tout cas, on a de la lecture.

LA RECETTE DU TRIPLE TRIFLE PAR
LA NOUVELLE TITULAIRE DU FOUET D'OR
200 G D'ANANAS COUPÉ
16 NOIX DU BRÉSIL
100 ML DE CRÈME
100 G DE SUCRE
UNE PART DE MAUDE, S'IL VOUS PLAÎT, MONSIEUR !
MADAME AIME LES NAANS – Maude en Inde !
UNE CARRIÈRE EN OR, COMME SES TROPHÉES.
A DÉCOUVERT DE NOMBREUX CHEFS TALENTUEUX
QUATRE COINS DU MONDE, PUIS LES A FORMÉS
CRÉATIVITÉ
ARTISTE
Le Découvreur
60/79
BRAVO, MAUDE
MADAME MAUDE REMPORTE LE CHAMPIONNAT CULINAIRE DU FOUET D'OR.
« C'EST UN HONNEUR. »
GAGNEZ
une visite des cuisines du Fouet d'Or
UN COUP DE FOUET !
MAUDE PERD SON TITRE
TOUT A COMMENCÉ AVEC UNE HUÎTRE…

Chapitre 7

Les deux compères étaient assis sur le lit de Kate, nageant dans les coupures de journaux.

– Le voilà, son grand secret ! « Fraude », « Honteuse malversation ». Madame Maude était une chef cuisinière mais elle a triché pour remporter le Fouet d'Or. Ça s'est su… et elle a tout perdu !

– C'est quoi, cette histoire d'huître ? demanda Roberto.

Kate parcourut l'article qu'elle avait entre les mains.

– Apparemment, elle aurait menti aux juges sur le type d'huître qu'elle utilisait comme ingrédient secret d'une de ses recettes. Quelle tricheuse !

– Mais pourquoi a-t-elle gardé tout ça ? s'étonna Roberto en désignant les journaux aux titres accusateurs.

– Je ne sais pas… Peut-être qu'elle a l'intention de se venger… ou alors elle ne veut pas oublier, pour ne pas refaire la même erreur ou…

– Attends, la coupa le souriceau, en fouillant dans la paperasse avec ses petites pattes. Il y a autre chose…

Contrairement au reste, cette enveloppe était d'un blanc immaculé, sans un pli. À l’intérieur, un courrier annonçait en grosses lettres rouges :

L’espace d’une seconde, Kate eut presque pitié de Madame Maude. Puis elle se rappela à quel point elle était suspicieuse et odieuse…

– Tu crois que c'est pour ça qu'elle a volé tout ça ? Parce qu'elle n'a plus d'argent ?

– Oh oui, les trophées de gymnastique valent sûrement des millions ! affirma Roberto.

– Oui, mais… et les biscuits au gingembre saveur intense de Simon ? murmura Kate.

– Elle a dû avoir un petit creux, affirma Roberto. C'est fatigant, le boulot de voleur !

Les pièces du puzzle se mettaient en place. Kate était sûre que Catherine Rodriguez aurait été fière d'elle. Peut-être que ses découvertes feraient la une des journaux ! Mais un murmure venu du couloir la ramena à la réalité. Il se mua en brouhaha et, bientôt, en éclats de voix, puis très vite…

– Quel vacarme ! s'exclama Kate en se ruant sur la porte. Je parie que quelque chose d'autre a disparu !

À peine sortis de leur compartiment, ils faillirent être piétinés par une foule de passagers. Des passagers à l'air complètement paniqués.

Chapitre 8

– Il va me manger ! hurlait le d’habitude très discret et timide M. Billy en courant, les bras en l’air.

Normal, je suis

INDUBITABLEMENT DÉLICIEUX !

– Qu'il essaie ! cria Mlle Bonbon, en remontant ses manches. En Argentine, j'ai affronté des crocodiles à mains nues, vêtue d'une simple feuille en guise de pagne !

Kate s'efforça de couvrir le vacarme pour demander :

– Mais pourquoi tout le monde panique ? PAPA ?!

Elle tenta de se faufiler entre les jambes des passagers mais elle rentra dans Simon.

– Il m'a mordu ! Il m'a eu ! s'égosillait-il. Je vais mourir sans savoir qui m'a volé mes biscuits.

– Ce n'est que moi ! le rassura Kate. Qu'est-ce qui se passe ?

– Ya-ya-ya un t-t-tigre ! bégaya-t-il. Je viens de le voir ! Dans la cuisine ! Gueule béante, prêt à me dévorer.

– Mon oncle s'est fait arracher le bras par un tigre au zoo ! cria un passager. Ils adorent ça !

– Surtout les doigts ! renchérit un autre. Pour eux, c'est comme des saucisses cocktail ! Une

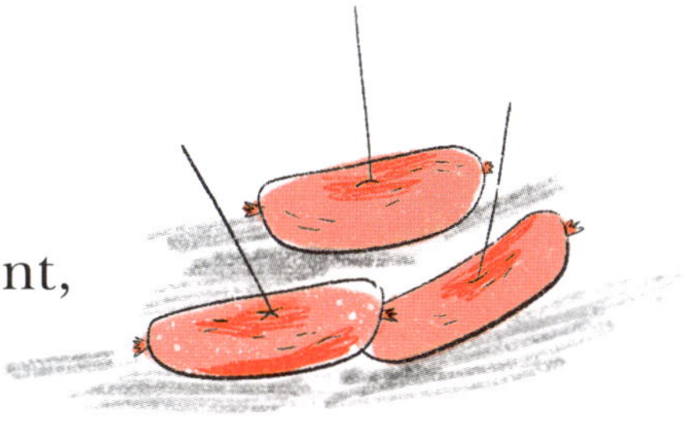

fois qu'ils commencent, ils ne peuvent plus s'arrêter !

– Un tigre ? s'esclaffa Kate en échangeant un regard avec Roberto, qui avait l'air aussi perplexe qu'elle. Dans le train ? C'est ridicule !

Mais quand les jumelles, les yeux ronds comme des balles de ping-pong, demandèrent à Sam ce qui s'était passé ensuite, il répondit avec le plus grand sérieux :

– Bah, je me suis enfui, tiens ! J'ai détalé avant que la bête puisse croquer un bout de moi.

Il agita ses jambes et ses bras maigrichons.

– Je pense, intervint Madame Maude, de l'autre bout du couloir, que la sécurité doit être notre priorité absolue. Pour que chacun soit bien à l'abri, je propose d'instaurer un couvre-feu.

La foule se tut.

– Personne ne sera autorisé à sortir de son compartiment entre dix-huit heures trente et huit heures du matin. S'il y a vraiment un tigre à bord, c'est la nuit qu'il rôdera.

Kate eut l'impression que Madame Maude la regardait droit dans les yeux en disant cela.

– Bonne idée, Maude ! approuva son père.

Il se fraya un chemin au milieu de la foule terrifiée.

– Il vaut sans doute mieux que nous abandonnions nos fouilles pour le moment, mademoiselle Bonbon. Après ce que Simon vient de voir, il ne semble pas judicieux de fureter dans tous les coins à la recherche de vos trophées.

Les passagers se dispersèrent, chacun y allait de sa théorie sur comment ce tigre était monté à bord et comment il comptait les déguster.

– Ils sont tous dingos dans ce train ! soupira Kate une fois qu'ils furent tous partis. D'abord un voleur, et maintenant, un tigre !

– Tu y crois, toi ? couina Roberto. Il y a réellement un tigre à bord ?

– Bien sûr que non, répliqua Kate. Réfléchis, Rob ! Toute cette histoire, ça vient de Madame Maude ! Simon lui obéit à la baguette. Et avec le couvre-feu, elle va pouvoir aller et venir

comme elle veut. Elle trompe peut-être son monde, mais pas nous. Elle croit qu'on est aussi bêtas que Lord Truffignol devant une gamelle de pâtée ou quoi ?

LAIt
POUR
L.T.

Chapitre 9

– Ma chérie, je suis très impressionné par ton implication dans l'enquête, mais ce soir, je veux que tu restes bien au chaud dans ton lit avec Rob.

La nuit commençait à tomber. Après un dîner un peu froid, tout le monde s'était empressé de regagner son compartiment pour respecter le couvre-feu. Par les fenêtres du train, les silhouettes déchiquetées des arbres se découpaient sur fond de clair de lune.

– Je ne voudrais pas arriver devant ta mère avec une Kate qui a un bras en moins. Ou pas de Kate du tout.

Il entreprit de verrouiller la porte avec de multiples cadenas.

– Pourquoi tu nous enfermes avec tous ces cadenas ?

– À cause du tigre, ma puce ! Personne ne rentre… et personne ne sort non plus, désolé !

Le cœur de Kate se serra. Maintenant que les couloirs étaient déserts, tous les passagers calfeutrés dans leurs compartiments, Madame Maude avait le champ libre pour ses sales petites affaires. Mais Kate n'avait pas l'intention de la laisser faire.

Il fallait juste qu'elle trouve comment sortir de ce compartiment… dont les clés étaient bien cachées sous l'oreiller de son père… qui allait bientôt se retrouver sous sa lourde tête endormie.

Kate attendit que son père ait mis ses bouchons d'oreilles et fermé les yeux avant d'allumer sa lampe-torche et d'ouvrir son manuel de reporter.

Elle fixa le portrait de Catherine Rodriguez. Qu'aurait fait son idole en pareille situation ?

Attendre le lendemain matin ? Non, Catherine Rodriguez ne serait certainement pas restée sagement sur sa couchette alors qu'une affaire aussi mystérieuse se déroulait de l'autre côté de la porte.

– Ce n'est pas possible, Roberto ! soupira Kate. Je ferais peut-être mieux de dormir et d'oublier toute cette histoire.

Le souriceau fit un bruit que Kate n'avait jamais entendu. Entre le couinement et le soupir. Il escalada son oreiller et, dressé sur ses petites pattes roses, il bomba le torse.

– Il n'est pas question que tu restes là à ne rien faire ! Tu es Kate ! Grande reporter ! Fille de l'exploratrice polaire la plus douée du monde ! Si tu ne trouves pas le moyen de sortir d'ici pour résoudre ce mystère, je m'en chargerai moi-même !

Soudain, papa se redressa dans son lit. Kate éteignit vite sa torche, pétrifiée. L'avaient-ils réveillé ?

– Ma femme…, marmonna-t-il, l'algue la plus incroyable…

Puis il s'affala de nouveau sur son oreiller avec un ronflement monstrueux.

– On a eu chaud, chuchota Kate. Bon, il faut qu'on récupère ces clés.

Chapitre 10

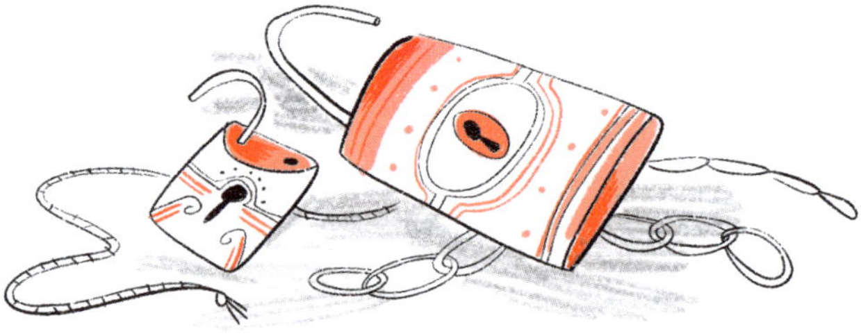

Récupérer les clés sous l'oreiller ne fut pas le plus difficile. Le plus dur, c'était de voir la tête que faisait papa alors qu'elle les tirait de leur cachette. Kate espérait qu'elle pourrait tout lui avouer très bientôt.

Clic

Clac

Cling

CRIIIIIIIIIC

Et hop ! Armée de sa fidèle torche et d'une boîte de Miaou-Miam des Mers – pour distraire un Lord Truffignol enragé si besoin –, Kate se faufila dans le couloir avec Roberto.

Au début, ils prenaient le moindre abat-jour éclairé par la lune pour une Madame Maude cambrioleuse, le moindre coussin brodé pour son chat blanc. Mais ils s'aperçurent bientôt

que ni l'un ni l'autre ne rôdaient dans le couloir. Madame Maude n'était pas non plus en train de se servir joyeusement dans le compartiment à bagages.

– La cuisine, souffla Roberto lorsqu'ils eurent traversé le jardin d'hiver et la voiture-restaurant sans rencontrer personne. Elle ne veut pas qu'on y aille, donc c'est sûrement là qu'on va la trouver… elle ou son butin…

– Tu as raison, chuchota Kate. Tu as vu comme Simon a paniqué quand on a débarqué, l'autre jour. Et comme un fait exprès, c'est là que le « tigre » se cache. Quel ramassis d'idioties.

Ils étaient tout près, maintenant. La porte de la cuisine se dressait devant eux.

C'était peut-être son imagination qui lui jouait des tours, mais Kate avait l'impression qu'il faisait plus sombre dans cette voiture que dans les autres. La lune avait totalement disparu, seule sa torche leur fournissait un peu de lumière.

Elle ouvrit la porte et pénétra dans la cuisine.

Un courant d'air glacé la gifla. Surprise, Kate laissa tomber sa torche et se retrouva plongée dans l'obscurité.

Elle vit alors deux yeux. Deux yeux étincelants, dorés comme des abricots. Qui la fixaient.

Kate était pétrifiée. Elle aurait voulu prendre les jambes à son cou, mais elle ne pouvait pas bouger. Elle ne put qu'écouter la voix qui susurrait dans le noir et s'enroulait autour d'elle telle une volute de fumée.

– Tu penses vraiment me faire sortir de ma cachette
avec une boîte de thon en miettes ?
Il va falloir faire mieux, mademoiselle,
qu'une écuelle de pâtée industrielle.

Kate sentait le petit cœur de Rob battre aussi vite que le sien. Ce n'était pas la voix de Lord Truffignol.

– Q-Q-Qui est-ce ? bégaya-t-elle.

Pas de réponse.

Et soudain…

WHOOOOOO
OUUUSHH!

Les feux de la gazinière s'allumèrent tous en même temps et leurs flammes orange bleuté éclairèrent la cuisine d'une lueur dansante. Devant eux…

se dressait…

un…

TIGRE.

Chapitre 11

Il était immense. Jusqu'au plafond, avec des pattes de la taille d'un enfant de six ans. Gigantesque. Énorme au point que ses proies ne voyaient sans doute rien d'autre que lui avant qu'il les dévore et se cure les dents avec leurs maigre os.

Il portait un tablier maculé de rouge et une toque perchée sur la tête, telle une monstrueuse meringue blanche.

Roberto poussa un cri strident. La panique s'empara de Kate. Qu'est-ce que c'était que cette histoire ?

Et surtout… allait-elle se faire manger ?

STOP !

hurla-t-elle. Je dois avoir un goût horrible. Je ne suis pas du tout comestible. Un goût de papier et crayon, ce n'est sûrement pas très bon !

Le tigre gloussa d'un petit rire perlé.

Kate remarqua alors ses dents parfaitement blanches et très très très pointues.

– *Tu crois que je veux te manger, par toutes mes rayures ? Mais tu n'es pas un roulé à la confiture !*

– Bah... c'est quoi, tout ça alors ? le questionna Kate, perplexe.

Elle désigna la gazinière allumée, le tablier tout taché et, sur le plan de travail, tous les couteaux alignés.

– Et pou-pou-pourquoi vous parlez en vers ? bafouilla Roberto.

– Qu'est-ce que vous racontez ?

Vous avez dû rêver !

Parler en rimant,

ce serait épuisant !

Il s'interrompit et poussa un soupir mélodramatique.

– Mais puisque vous êtes là,

ce soir,

je vais vous conter mon histoire !

Mon désespoir,

ma lutte

Mon triomphe et ma chute !

– Euh, oui, oui, allez-y, je vous en prie.

Kate s'assit sur une marmite retournée. De toute façon, elle n'avait pas trop le choix. Le tigre avait visiblement besoin de se confier, et il n'avait nullement l'intention de les manger… pas dans l'immédiat, en tout cas.

Il baissa le gaz jusqu'à n'avoir plus que des flammèches, s'éclaircit la voix et se lança :

– *Toute ma vie, je n'ai eu qu'un seul rêve,*
je n'ai poursuivi qu'un but sans trêve :
être chef cuisinier, porter le tablier,
et faire rissoler des pommes de terre sautées.

Il s'interrompit, inspecta Kate de la tête aux pieds. Elle déglutit. *Gloups.*

– Très in…

– *Je maîtrise toutes les techniques,*
culinaires et artistiques !

Un bain-marie ?
Pas de souci.
Mon glaçage est si brillant
qu'on peut se voir dedans !
J'ai du talent,
c'est évident !

Des froides landes d'Écosse aux lacs du Japon
j'ai servi flans tremblotants,
potages fumants
et beignets tout ronds…

Kate regarda Roberto, l'air de dire : « MAIS QU'EST-CE QU'IL RACONTE ? »

Roberto lui rendit son regard, l'air de dire : « AUCUNE IDÉE MAIS AU MOINS ON NE S'EST PAS FAIT MANGER ! »

Le tigre était à fond dans son histoire.

– Mais où ai-je appris tout ça,
moi qui suis né au zoo ?
J'ai toujours eu de l'ambition
et de grands idéaux.
La nuit, je quittais ma cage pour les cuisines
où je m'exerçais aux recettes les plus fines !

Après des années de secret,
j'ai voulu me lancer.
M'évader était mon objectif,
j'ai crocheté la serrure avec un fouet rotatif.
J'ai filé en ville, postuler comme cuisinier.

Mais on me répondait chaque fois
que ce n'était pas pour moi !
En voyant mes pattes, orange et poilues
les gens poussaient des cris aigus !
Ils braillaient
à faire tourner le lait.
Ainsi j'ai appris à mes dépens
que, plus que les requins ou les éléphants,
les gens craignent les tigres parlants !

Et sur ces mots, le tigre, qui une minute plus tôt se dressait devant Kate et Rob, se laissa tomber sur un sac de farine.

Plof.

Une larme roula sur son museau.

Le cerveau de Kate était en ébullition. Si Madame Maude n'avait pas menti pour le tigre, alors était-ce vraiment elle, la voleuse ?

PAT
FARI

Se pouvait-il que ce soit le tigre ? Et en parlant du tigre, devaient-ils avoir peur de lui ou le fait qu'il pleure changeait-il la donne ?

Elle en était là de ses pensées quand Rob sortit de sa poche pour s'approcher de lui.

Il tendit sa petite patte blanche et le tapota gentiment.

– Là, là, ce n'est pas tous les jours facile d'être un animal doué de parole.

Le tigre se moucha bruyamment dans son tablier.

– Ne m'en parle pas.

Sans lui faire remarquer que ça ne rimait pas, Kate vint s'asseoir près de lui.

Ils demeurèrent ainsi un moment, bercés par le doux mouvement du train et le cliquetis des cuillères dans le tiroir à couverts.

Chapitre 12

Une fois qu'il eut séché ses larmes, le tigre regarda Kate, penaud.

– Bon… je suppose que tu veux savoir ce que je fabrique dans ce train ?

– Seulement si vous parlez à nouveau en vers, répondit-elle en souriant.

Mais avant qu'il ait pu ouvrir la bouche, un

OOOOOOOH

monta d'un coin de la cuisine.

Roberto se tenait face à un placard ouvert, contemplant sa découverte, les yeux écarquillés.

Les trophées de gymnastique. Tous les seize.

Un rouleau de parchemins antiques.

Un paquet entamé de biscuits au gingembre saveur intense.

Kate se leva d'un bond.

– C'est vous, le voleur ?

Elle n'en croyait pas ses yeux.

– Vous êtes de mèche avec Madame Maude depuis le début ?

– *Si seulement !*

Cette femme est mon idole !

Avez-vous vu comment

elle manie le fouet et la casserole ?

– Vous êtes donc complices ! s'exclama Kate. Vous venez d'avouer !

– Pas du tout, bâilla le tigre. Je veux seulement qu'elle goûte ma cuisine ! Or j'avais besoin de matériel supplémentaire. Avec quoi voulez-vous que j'étale ma pâte sablée ?

Il y eut un silence, tandis que Kate essayait de comprendre.

– Vous avez volé tout ça pour tenter d'impressionner Madame Maude… parce qu'elle était cuisinière ?

– Cuisinière ? CUISINIÈRE ? Madame Maude n'était pas cuisinière ! Madame Maude est l'icône de la cuisine moderne, l'inspiratrice de tous les chefs contemporains ! Ses inventions rivalisent avec celles d'Anna Pavlova et du comte de Sandwich !

Si je n'arrive pas à l'impressionner, ce voyage sera mon aller sans retour pour l'exil. J'ai entendu que là-bas, il n'y avait rien à manger à part des anguilles. Rien pour me rappeler le tigre que j'étais…

– Mais c'est… c'est une…, bafouilla Kate.

Qu'était Madame Maude, exactement ? Car visiblement, ce n'était pas elle la voleuse.

– Sa carrière n'a été qu'une gigantesque tricherie !

– Ah, cette vieille histoire, soupira le tigre. Vous avez entendu parler de ce drame affreux.

« Les huîtres de la honte », ont titré les journaux.

– On sait, le coupa Kate, agacée. Elle a menti aux juges sur leur origine.

– Avez-vous seulement envisagé, répliqua le tigre, que Madame Maude ait pu commettre une erreur ?

Kate fronça les sourcils. Une erreur ?

Le tigre poursuivit.

– Et si elle n'avait pas menti, mais qu'elle se soit simplement trompée en identifiant l'huître, croyant qu'elle venait du nord du Chili alors qu'elle provenait du sud du Pérou ?

– Et tout le monde lui est tombé dessus, conclut Kate d'une petite voix.

– Peut-être même guettaient-ils tous le moment où elle ferait un faux pas, renchérit Roberto.

– Ou peut-être ont-ils été déçus, suggéra le tigre avec gravité. Pour être honnête, j'attendais mieux d'elle. On parle de la femme qui peut vous donner la provenance – les coordonnées GPS, même – d'une gelée d'airelles, rien qu'à l'odeur. Une femme qui était tellement à fond dans la compétition qu'elle s'est tatoué un fouet sur la cheville… à coups de fourchette !

– Mais franchement, elle n'arrange pas son cas à se balader en agitant sa canne pointue et en houspillant tout le monde, remarqua Kate.

Le tigre se leva et gonfla la poitrine.

– Parfois il est plus facile de jouer les méchants, les féroces,

(« C'est reparti ! » pensa Roberto.)

cœur de pierre sous une carapace de rhinocéros,
qui pince les enfants au détour des couloirs,
que de laisser voir son désespoir !
Son âme perdue, son cœur brisé
qui ne sait plus vers qui se tourner.

Kate n'en revenait pas. Elle s'était complètement trompée. Si le tigre disait vrai, Madame Maude n'était pas une menteuse-tricheuse-arnaqueuse. Ce n'était pas une mauvaise personne. Juste quelqu'un qui avait commis une erreur.

Chapitre 13

– Je me sens vraiment coupable.

Kate s'affala à son tour sur le sac de farine.

– Ça ne sert à rien, répondit le tigre en grignotant les derniers biscuits de Simon. La question qui se pose, c'est : qu'est-ce que vous allez faire ?

Kate soupira. Il n'y avait aucun conseil pour gérer ce genre de situation dans son manuel de reporter. Mais alors qu'elle menaçait dangereusement de s'apitoyer sur son propre sort, elle eut une idée de génie.

– Vite ! Il est quelle heure ?

Roberto contempla la lune, les yeux plissés.

– Vingt-trois heures vingt et une.

– Parfait. Cher tigre, pensez-vous que vous avez de quoi nourrir tous les passagers dans cette cuisine ?

Il acquiesça.

– Simon n'a fait que des œufs, alors qu'on a des montagnes d'ingrédients en réserve ! C'est assez désolant !

Kate se mit debout sur son sac de farine.

– Tous les trois, nous allons préparer un incroyable festin ! Et nous le servirons au petit déjeuner pour conquérir le cœur de Madame Maude !

– Et de tous les autres également ! renchérit Roberto. Une fois qu'ils auront entendu votre histoire et goûté votre cuisine, ils oublieront que vous… enfin… leur avez « emprunté » quelques affaires.

– Quel plan ingénieux, mes petits soufflés ! s'exclama le tigre en leur tendant à chacun une toque et un tablier – comment avait-il réussi à s'en procurer un qui soit à la taille de Roberto, Kate l'ignorait.

Ainsi, tandis que le train traversait les tunnels de montagne et contournait les lacs argentés, les chefs se mirent au travail.

Le museau (ou le nez) plein de farine et du blanc d'œuf dans les poils (ou les cheveux), ils préparèrent gâteaux au chocolat, tartes aux noix de pécan, pains aux raisins, gaufres dorées, brioches nappées de sauce au caramel et des montagnes de crêpes, la spécialité du tigre. Il leur apprit à plier la pâte feuilletée pour en faire de petits oiseaux qui gonflaient au four, et à gratter le chocolat en élégants copeaux.

C'était un excellent professeur. Malgré ses grosses pattes velues, il maniait chaque création avec la plus grande délicatesse.

Roberto se découvrit un talent insoupçonné pour le fouet mécanique : perché sur la poignée, il pédalait comme sur un monocycle.

– Si les jumelles te voient faire ça, elles vont t'embaucher pour leur cirque ! s'esclaffa Kate.

POMMES

LAiT
mix 2000

Elle se révéla exceptionnellement douée pour découper pommes, poires ou abricots en tranches fines comme du papier, qu'elle étalait en rosaces ou en zigzags sur des pyramides de profiteroles.

– Fabuleux ! commenta le tigre au-dessus de sa casserole de caramel bouillonnant. Passez-moi les pommes, sous-chef Kate !

Ils ne s'arrêtèrent pas un instant, jusqu'à ce que la moindre surface soit recouverte de mets délicieux.

– Trinquons ! décréta le tigre.

Ils levèrent donc trois verres de jus d'abricot en direction du soleil levant.

– Aux nouveaux amis ! déclama Roberto.

– Surtout à ceux qu'on ne dévore pas, enchaîna le tigre, même s'ils seraient succulents entre deux tranches de pain de campagne, précisa-t-il avec un sourire malicieux.

Pour toute réponse, le souriceau lui tira la langue.

– Aux nouveaux amis ! renchérit Kate une fois qu'elle eut retrouvé son sérieux. Et aux amis à venir ! Parce que je pense vraiment qu'ils vont vous apprécier autant que nous, très cher tigre.

– Même Madame Maude ? demanda-t-il, une lueur d'espoir dans les yeux.

– Surtout Madame Maude. En voyant notre festin, elle va en être baba !

Chapitre 14

Ils avaient dressé le buffet dans la voiture-restaurant, et tout était parfait. Roberto avait même plié les serviettes en forme de fleurs.

– Magnifique ! commenta le tigre. Il ne nous reste plus qu'un petit détail à arranger…

Il regarda avec insistance les cheveux pleins de pâte de Kate et ses joues barbouillées de chocolat.

– Vous n'êtes pas très propre non plus, remarqua-t-elle.

La vapeur avait fait friser ses moustaches et ses rayures étaient toutes voilées de farine.

– On n'a plus que quelques minutes, annonça Roberto, nerveux.

– Pas de quoi se faire des nœuds aux moustaches, répliqua le tigre. J'en ai pour une seconde. Débarbouillez-vous dans l'évier.

Le tigre fila par la porte de derrière.

Kate se passa de l'eau sur le visage. Elle était en train de baigner Rob dans une petite tasse quand elle entendit un grincement dans son dos.

– C'est vous, très cher tigre ?

– Ce n'est pas lui, répondit Roberto, encore plus blanc que d'habitude. On est cuits.

COMPLÈTEMENT
CRAMÉS !

Kate se retourna. C'était Madame Maude. Madame Maude en pyjama rayé vert et violet. Madame Maude avec un filet géant à la main.

TOI !

siffla-t-elle. Je savais bien que c'était toi ! Toujours à fureter dans tous les coins !

Kate avala sa salive. Il ne fallait pas que Madame Maude voie le tigre, pas tout de suite. Ce n'était pas censé se passer comme ça du tout ! Pas d'entrée triomphale, pas de Madame Maude épatée, prête à aider ce cher tigre à faire une carrière fulgurante et à gagner un Fouet d'Or pour décorer sa cheminée !

– Non, non, ce n'est pas ça du tout !

– Hum… pensez aux gros titres, Madame Maude, renchérit Roberto. Une… une femme d'un… d'un certain âge… ayant l'expérience des plus grandes cuisines… affronte une petite fille…

– D'où tenez-vous cela ? le coupa Madame Maude. À propos de mon travail ?

– Le Fouet d'Or ? risqua Kate. On… on a vu votre photo dans les journaux !

– Sornettes !

Madame Maude parlait à voix si basse que Kate l'entendait à peine, mais ça ne la rendait que plus terrifiante encore.

– Tu n'étais même pas née, espèce de petite fouineuse. Tu sais ce que je pense ? Je pense que tu es allée fouiller dans tous les compartiments pour te servir dans les affaires des gens ! Et que tu as inventé cette abracadabrante histoire de tigre pour avoir le champ libre ! Non mais franchement… quel ramassis de mensonges ! Un tigre dans un train !

– C'est exactement ce qu'on s'est dit à votre sujet, répliqua Kate. Mais il se trouve qu'on s'était complètement trompés ! Vous n'êtes pas une voleuse ! Et moi non plus, il faut me croire.

– Alors éclaire ma lanterne : si ce n'est pas toi, qui est le voleur ?

Kate ne savait pas quoi répondre. Devait-elle lui parler du tigre ? Madame Maude n'allait jamais la croire, il fallait qu'il puisse tout lui raconter lui-même.

En définitive, elle n'eut pas à intervenir.

– Enchanté, Madame Maude, fit le tigre qui sortit de l'ombre en tendant une patte tremblante. Je suis un de vos plus grands fans.

Chapitre 15

Madame Maude devint plus blanche qu'une nappe blanche. Et même encore plus blanche.

– Tu crois qu'on peut vraiment mourir de peur ? murmura Roberto.

Puis elle se mit à bégayer. Si Kate n'avait pas su que la vieille dame était innocente, elle se serait réjouie de la voir dans cet état.

Bon, d'accord, peut-être qu'elle se réjouissait un peu quand même.

– Je ne vais pas vous manger, promit le tigre d'une voix lasse.

Kate comprit alors qu'il avait dû répéter cette phrase des centaines de fois au fil des années.

– Je voudrais… je voudrais manger ce petit déjeuner *avec* vous. Ce petit déjeuner que j'ai préparé.

Madame Maude cessa de bafouiller et le toisa de la tête aux pattes.

– Quoi ?

– Je fais partie de vos admirateurs depuis vos débuts ! s'exclama le tigre. *Préparer de*

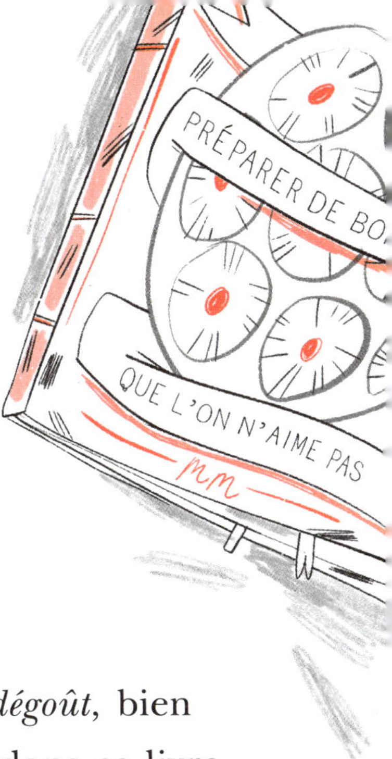

bons petits plats pour ceux que l'on n'aime pas a été mon livre de chevet durant toutes mes années au zoo.

– Vous vous êtes formé tout seul ? s'étonna Madame Maude. Avec ce bouquin minable ?

– Je préfère *Une affaire de dégoût*, bien sûr. Mais oui, j'ai tout appris dans ce livre. J'étais tellement bouleversé quand vous avez été bannie du monde de la gastronomie !

– Bah, je l'avais bien mérité, renifla-t-elle. Quelle imbécile confondrait des huîtres venues de régions aussi éloignées ?

– Je pensais pourtant que le nord du Chili et le sud du Pérou se touchaient, glissa Kate à son souriceau.

– Vous n'êtes pas une arnaqueuse, Madame Maude ! affirma le tigre. Vous êtes un exemple, une muse – la raison pour laquelle j'ai choisi de consacrer ma vie à la cuisine ! Je garde une photo de vous en permanence sous mon oreiller. Votre canne pointue et votre sourire mauvais m'ont toujours inspiré ! Accepteriez-vous de vous joindre à moi pour le petit déjeuner ?

Le tigre tendit à nouveau la patte et s'inclina bien bas.

Kate était heureuse de l'entendre ouvrir aussi sincèrement son cœur.

– Volontiers, répondit Madame Maude d'une voix plus chaleureuse.

Elle prit sa patte dans sa main osseuse.

Kate sourit et les suivit dans la voiture-restaurant avec Roberto dans sa poche. Quelle histoire !

Chapitre 16

Ce matin-là, c'est un mélange de délicieux effluves qui réveilla les passagers. Croissants chauds ? Café fumant ? Tarte aux poires et sa compote de framboises tiède ?

Les portes des compartiments s'ouvraient une à une. Et les passagers en peignoir et bonnet de nuit frottaient leurs yeux ensommeillés avant de s'aventurer dans le couloir.

Ils découvrirent une voiture-restaurant transformée.

– Kate ? fit son père, qui n'en croyait pas ses yeux. Qu'est-ce qui se passe ?

– Assieds-toi, papa, dit-elle en souriant. On va tout t'expliquer, après le petit déjeuner.

– Qui ça « on » ?

– Moi, intervint Madame Maude, toujours en pyjama rayé, en s'approchant de Kate avec une assiette chargée de bacon croustillant à la main.

Les yeux écarquillés, son père se laissa tomber sur un fauteuil à côté du prêtre russe, sans voix.

– Avez-vous goûté ça, papa de Kate ? demanda le prêtre en agitant un croissant de la taille d'un petit oreiller sous son nez. C'est ce que je préfère après mes gaufres sacrées !

Quel festin !

– C'est merveilleux ! s'exclamèrent en chœur les jumelles en contemplant les cygnes en pâte feuilletée qui nageaient sur un étang de jus de framboise.

– Je n'ai jamais mangé quelque chose d'aussi bon de toute ma courte vie, marmonna Simon en enfournant un petit pain à la cannelle.

– Je lève mon verre de jus à celui qui a fouetté cette crème ! déclara Mlle Bonbon. Quelle finesse ! Quel coup de main !

Attablé devant le petit pique-nique que Kate lui avait installé sur un coin de table, Roberto était aux anges.

– Si elle savait !

« C'est le moment », pensa Kate.

Elle était nerveuse, mais tout de même rassurée d'avoir Madame Maude à ses côtés.

Kate se percha alors sur une

table et s'éclaircit la voix. Cliquetis et murmures se turent.

– Bonjour à tous ! Je pense que nous sommes d'accord sur un point : c'est le meilleur petit déjeuner que nous ayons jamais mangé.

– Bien dit ! firent les jumelles d'une drôle de voix.

– Alors j'aimerais vous présenter celui qui a préparé ce festin. Approchez, cher tigre !

Le tigre sortit de la cuisine, à la vue de tous les passagers. Avec sa toque de chef sur la tête et son tablier autour de la taille, il était magnifique.

Le silence se fit dans le wagon, tombant comme une épaisse couche de neige.

Puis un passager applaudit. Et un autre. Le père de Kate se leva, les jumelles sifflèrent, le prêtre fit la ola. Madame Maude l'acclama et

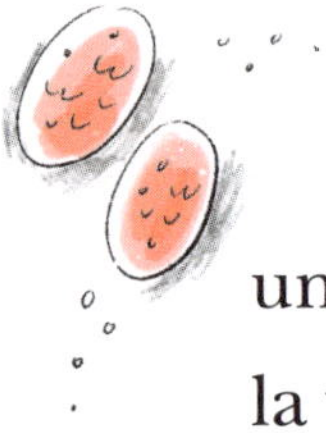

un tonnerre d'applaudissements retentit dans la voiture-restaurant.

– Tant pis s'il me mange, dit Simon, je mourrai heureux et le ventre plein.

Une fois que l'agitation se fut calmée, tout le monde se pressa autour du tigre.

Il leur raconta son histoire et rendit même ses trophées à Mlle Bonbon d'un air navré.

– Je suis infiniment désolé, dit-il. Je ne trouvais pas d'ustensile adéquat pour étaler ma pâte dans la cuisine.

– Ce n'est rien. Je suis honorée que mes trophées aient pu vous aider ! répondit-elle.

– Et voici pour vous, enchaîna-t-il en tendant à Simon un plat de biscuits au gingembre maison.

S.

Chapitre 17

Le train filait vers sa destination finale. Contemplant les étendues immaculées par les vitres embuées, Kate se disait qu'il n'y avait que du blanc à des kilomètres à la ronde…

quand elle aperçut une petite maison rose au loin : la gare ! Au fur et à mesure que le train approchait sur le quai, elle distingua une silhouette vêtue d'une combinaison de ski de couleur vive, et qui avait tout l'air d'une exploratrice : maman !

Kate descendit du train dès qu'il fut arrêté et sauta au cou de sa mère, sans penser à prendre ses bagages.

Bientôt son père les serra toutes les deux contre lui dans un câlin géant.

– Vous m'avez tellement manqué, fit sa mère d'une voix étouffée. Je n'en reviens pas que vous soyez venus jusqu'ici !

– Je ne voudrais être nulle part ailleurs, affirma Kate.

Il s'avéra que sa mère avait fait sa grande découverte quelques heures plus tôt seulement et que le célèbre journal *Le Découvreur* avait envoyé un reporter en hélicoptère pour couvrir le scoop : les secrets des algues de l'Arctique allaient enfin être révélés !

– En parlant de reportage, j'ai comme l'impression que ma petite journaliste préférée a déniché une nouvelle histoire palpitante, remarqua sa mère en lui adressant un clin d'œil.

– Oui, mais je ne vais pas te la raconter toute seule.

Elle se retourna pour faire signe au tigre, qui attendait sur le marchepied. Il descendit du train, l'une des écharpes de Madame Maude volant élégamment au vent derrière lui.

La mère de Kate n'eut pas le moins du monde l'air suprise. Elle lui fit la bise avant de dire :

– Vous savez quoi ? Cette histoire peut attendre. Je meurs de faim. Est-ce que quelqu'un a pensé à m'apporter à manger ?

ASSOCIATION POLAIRE
ALE
MANUEL

Katzenerziehung ist (k) eine Kunst

Wie Sie Ihre Katze leicht und einfach erziehen. Katzensprache lernen und verstehen.

2. Auflage

ISBN: 9781090205292

Inhaltsverzeichnis

Vorwort - Einleitung

Die Geschichte der Hauskatze

Werte Leserin und werter Leser. Vielen Dank dass Sie sich dieses Buch erworben haben.

Die Ahnen der Katzen

Wann die Katze anfing, Haus und Leben der Menschen zu teilen - ob als freundlich schnurrender Sofabewohner oder als geschickte Jägerin von Schädlingen - lässt sich nicht genau sagen, doch ist das Zusammenkommen von Mensch und Katze nicht viel länger als 6000 Jahre her.

Die Stammesgeschichte der Katzen reicht jedoch sehr viel weiter in die Vergangenheit.

Unsere Hauskatze gehört zur Familie der katzenartigen Raubtiere, der *Felidae*. Ihre Ahnen lebten vor 50-60 Millionen Jahren in den Urwäldern und hatten im mittleren Tertiär ihre Blütezeit.

Diese *Miaciden* waren Urraubtiere mit gut ausgebildeten Reißzähnen, aus denen sich mit der Zeit so unterschiedliche Tiere wie Hunde, Katzen, Bären, Marder und Hyänen entwickelten. Äußerlich ähnelten die kleinen Säuger unserem heutigen Marder.

Vor etwa 35 Millionen Jahren spalteten sich von ihnen die Schleichkatzen als die Vorfahren der katzenartigen Raubtiere ab.

Eine direkte Ahnin unserer Hauskatze ist die domestizierte nubische Falbkatze (*Felis libyca*), möglicherweise in Kreuzung mit der europäischen Wildkatze (*Felis silvestris*)

Erste Hauskatzen in Ägypten

Obschon es auch ältere Hinweise gibt, nahm die Domestizierung der nubischen Falbkatze vermutlich 2000 Jahre vor unserer Zeitrechnung im landwirtschaftlich orientierten Ägypten und in Mesopotamien ihren Anfang.

Ägyptische Bastet-Statuette

Hier wurde die Katze nicht nur als die Vertilgerin von in den Kornkammern des Landes reichlich vorkommenden Mäusen verehrt und zum Apportieren von Flugwild genutzt, sondern erreichte um 1500 v.u.Z. einen **religiösen Kultstatus**- sie hatte mit der katzenköpfgen Göttin Bastet sogar eine Vertreterin im damaligen Pantheon. Wer eine Katze tötete, konnte deswegen selber zum Tode verurteilt werden. Die Verehrung reichte so weit, dass Katzen nach ihrem Tode einbalsamiert und feierlich mit Grabbeigaben z.B. in Form von einbalsamierten Mäusen oder Milch bestattet wurden. Auch Pharaonen wurden Katzen mit ins Jenseits gegeben. Die Kehrseite dieser Verehrung bestand für die Katzen jedoch darin, dass sie speziell als Opfertiere gezüchtet und rituell getötet wurden.

Wandmalerien aus Ägypten zeigen eine Katze mit einem Halsband (Grabgemälde aus Sakkarah nach 2750 v.u.Z.) oder Katzen als die Verkörperungen von Gottheiten (Katzengöttin am Grab von Nachtamun um 1425 v.u.Z., siehe Bild).

Verbreitung der Hauskatze

Erst nach 500 v.u.Z. gelangte die Katze nach **Griechenland**, möglicherweise trotz des "Exportverbotes" aus Ägypten als Schädlingsbekämpfer eingeschmuggelt, und schließlich nach **Italien**, wo sie 400 Jahre später die bisher für die Schädlingsbekämpfung gehaltenen Frettchen im alten Rom verdrängt -nicht zuletzt, weil sie sich durch ihren Hang zur

Reinlichkeit besser als Haustier eignete.

Im **nördlichen Europa** waren Katzen dagegen selten und kostbar - das änderte sich erst im 10. Jahrhundert n.u.Z; vermutlich brachten Römer und Griechen den nützlichen Schleicher auf ihren Schiffen mit, wo die Katzen den Proviant sicherten. Die Katze begann nun auch hier, ihren Wert als Mäuse- und Rattenfängerin unter Beweis zu stellen und ersetzte die bisher in den Bauernhäusern dafür zuständigen Wiesel. Ihr einnehmendes Wesen sorgte dafür, dass sie mit der Zeit nicht nur als Nutztier gehalten, sondern auch allein wegen ihrer Gesellschaft geschätzt und als niedliches Geschenk gehandelt wurde.

Auch bei der **Besiedlung entfernter Länder** - wie zum Beispiel den Kolonien in Amerika - waren Katzen mit dabei. Erst schützten sie auf den Schiffen die Nahrungsmittelvorräte, indem sie die Ratten jagten, dann später begleiteten sie die Siedlern mit an Land und sicherten deren Ernten. Auf diese Weise eroberten die domestizierten Katzen nach und nach alle Teile der Welt - allerdings gab es, bis auf Australien, bereits auf allen Kontinenten die wilden Vertreter ihrer Art.

Perserkatze

Seit der Mitte des 19. Jahrhunderts werden Katzen speziell nach **Rassen** gezüchtet. Die Merkmale der Tiere sind durch selektive Vermehrung immer weiter herausgearbeitet worden, so dass die Vertreterinnen der verschiedenen "Edelkatzen" nun stark unterschiedlich aussehen. Die

zum Teil sehr teuren Rassekatzen teilen sich in Kurz- und Langhaar-Rassen auf, wobei es sogar haarlose Varianten gab.
Wie auch bei Hunden, kommt es durch Überzüchtung bei einigen Katzen zu organischen Fehlfunktionen, z.B. Atembeschwerden bei den stupsnasigen Perser-Katzen. Hochburgen der Züchtung von Edelkatzen sind die USA und England.

Katzen und Aberglaube

Das unergründliche Wesen der Katze, der starke Kontrast zwischen ihrer stillen, gemütlichen und der jägerischen, unabhängigen Seite haben dazu geführt, dass diese Tiere mehr als viele andere zum Gegenstand von Legenden und Aberglaube geworden sind.

Die **Chinesen**, deren Gott des Ackerbaus als Katze dargestellt wurde, glaubten daran, dass Katzen nach ihrem zehnten Lebensjahr reden und sich in noch höherem Alter in andere Tiere verwandeln könnten.

Bei den **Germanen** wurden Katzen noch hoch geschätzt - in ihrer Mythologie hatte die Wildkatze als Zugtier des Wagens der sehr verehrten Göttin Freya einen festen Platz. Gerade die Tatsache, dass Freya eine Göttin der Fruchtbarkeit war, sollte den Katzen mit dem Aufkommen des Christentums einige Nachteile bringen.

Nachdem die Katze im frühen Christentum noch eine positive Assoziation hatte und sogar auf Darstellungen der Mutter Maria erschien, änderte sich das im strenger, fanatischer und sinnesfeindlicher werdenden **frühen Mittelalter**.

Vor allem schwarze Katzen galten nun als Verkörperung des Bösen mit zahlreichen magischen Fertigkeiten, sowie als Gefährten von Hexen und Auslöser von Krankheiten und Unfällen.

Unzählige Tiere wurden als vermeintliche Unglücksbringer verfolgt und auf grausame Weise getötet, was negative Folgen für den Mensch

hatte, dessen Städte ohne Katzen von den Ratten heimgesucht wurden, die vielfach die Pest mit sich brachten.

Einige dieser Verleumdungen sind bis heute zumindest sprichwörtlich erhalten geblieben sind, zum Beispiel die Idee, dass es Unglück bringt, wenn eine schwarze Katze einem quer über den Weg läuft. In anderen Ländern gilt die Katze jedoch als Glücksbringer mit positiven Zauberkräften.

Abschnitt 1: Die Katzensprache

„Von Katzen versteht niemand etwas, der nicht selbst eine Katze ist“ (Natsume Soseki)

Ihre Charaktereigenschaften wie anhänglich und verschmust, gleichzeitig aber auch eigenwillig und unabhängig, machen die circa acht Millionen Katzen in deutschen Haushalten zu den beliebtesten Haustieren. Bereits in der Antike schätzten Tierliebhaber die Gegenwart der eleganten und anmutigen Tiere. Jedoch scheinen bis heute Besitzer oft Schwierigkeiten mit der Deutung der Sprache ihrer Katze zu haben. Für uns Menschen wirken viele Signale mehrdeutig und so kommt ein Pfotenhieb meist unvorhersehbar. Wenn Halter aber genau hinsehen und hinhören, zeigt der Stubentiger doch durch Ohrenbewegungen, Körperspannung und spezifische Laute, wie sein aktuelles Befinden ist

und was er von seinem Besitzer will. Nachfolgend die wichtigsten Begriffe rund um die Samtpfoten.

Aggressivität

Bevor eine Katze zum Angriff übergeht, deuten geduckte Körperhaltung, grollende Töne und Fauchen die Attacke an. Dabei dient die Aggressivität in den meisten Fällen der Abwehr, kann aber auch durch Verhaltensstörungen infolge eines reizarmen Lebens ausgelöst werden.

Buckel

Der sprichwörtliche Katzenbuckel entsteht ebenfalls, wenn eine Katze in Abwehrbereitschaft geht. Zusätzlich sträuben sich auch die Rücken- und Schwanzhaare und der Schwanz schlägt hin und her. Durch den Buckel erscheint die Katze größer und versucht so, dem Gegner zu imponieren.

Chef

Auch wenn Besitzer eine Samtpfote nicht so leicht trainieren können wie einen Hund, so müssen sie der Katze doch Grenzen setzen. Sonst fühlt sie sich schnell als Alpha-Tier und geht über Tisch und Bänke. Einige Katzenhalter empfehlen, das Tier mit einem Pflanzenwassersprüher leicht anzusprühen, wenn es etwas Unerlaubtes tut, und dies durch „kscht“ oder „nein“ zu unterstützen. Später reicht dann schon dieser Ausruf, um den Stubentiger zu erziehen.

Draußen unterwegs

Da Katzen gern streunen, empfiehlt sich ein Halsband mit Adresse, ein Chip oder die Registrierung bei einem Findedienst wie Tasso.

Einzelgänger

Entgegen der landläufigen Meinung sind Katzen keine Einzelgänger. Wenn sich eine Samtpfote nicht mit ihren Artgenossen verträgt, so liegt es zumeist daran, dass sie als junges Tier allein lebte. Besonders Katzen in Wohnungshaltung benötigen einen Spielgefährten.

Flemmen

Durch das gezielte Wittern bei offenem Mund nehmen Katzen spezifische Gerüche wie beispielsweise Pheromone von Artgenossen über das sogenannte Jacobson´sche Organ im Gaumen wahr. Oft strecken sie dabei auch die Zungenspitze aus, um so den Geruch gleichzeitig zu schmecken.

Gras fressen

Wissenschaftler sind sich nicht einig, warum eine Katze Gras frisst. Möglicherweise dient es als Verdauungshilfe, um beispielsweise verschluckte Haarballen zu erbrechen. Es wäre auch möglich, dass die Katze sich so notwendige Folsäure zuführt, die sie mit dem Futter nicht ausreichend bekommt.

Intelligent

Das von Hunden bekannte Clickertraining kann auch auf Miezi Anwendung finden. Halter können ihrem Tier damit gewünschtes Verhalten antrainieren oder unerwünschtes abtrainieren.

Jaulen

Hierfür gibt es viele Ursachen – von Hunger über Rolligkeit und Suche nach Aufmerksamkeit bis zu Schmerzen. Es gibt aber auch Katzen, die einfach nur gern reden.

Kratzen

Ihren Ursprung hat die Hauskatze bei den Raubtieren und die benötigen bei der Jagd scharfe Krallen. Darum schärfen sie diese durch Kratzen. Damit die heimischen Möbel nicht darunter leiden, empfiehlt sich die Anschaffung eines Kratzbaums.

Langeweile

Gegen Langeweile hilft Spielzeug wie beispielsweise Laufbretter oder Kratztonnen. Auch ein einfacher Karton mit Löchern und Knüllpapier lockt den Spieltrieb hervor. Federwedel oder Spielangeln sorgen für Interaktion zwischen Halter und Tier.

Miauen

Katzen können ungefähr hundert unterschiedliche Laute von sich geben und setzen das Miauen zur Begrüßung ebenso wie zum Wehklagen ein oder fordern dadurch menschliche Aufmerksamkeit oder Futter. Manche miauen ständig und unterhalten sich so mit ihrem Besitzer, andere drücken sich eher durch Körpersprache aus.

Nasenstüber

Wenn eine Katze einen Menschen mit der Nase anstupst oder an seiner Nase leckt, bedeutet dies, dass sie diesen Menschen mag.

Ohren

An den Ohren lässt sich die Stimmungslage einer Katze am besten ablesen. Flach angelegt spiegeln sie Angst oder Aggression wider, seitlich gedreht deuten sie Unbehagen an und hoch aufgestellt zeigen sie Konzentration.

Putzen

Durch das ständige Lecken regt die Mieze die Talgdrüsen an den Haarwurzeln an und macht das Fell so wasserdicht und geschmeidig. Zudem schützt sauberes Fell gegen Kälte. Durch das Lecken nimmt sie auch Vitamin D auf, welches das Sonnenlicht auf der Körperoberfläche bildet.

Revierverhalten

Besonders unkastrierte Kater stecken ihr Revier durch Markierungen ab. Auch organische Schäden oder Verhaltensprobleme können Auslöser sein. Schnurren So signalisieren Katzen Wohlbefinden, setzen es aber auch in Angstsituationen ein, vermutlich um sich selbst zu beruhigen.

Treteln

Mit den leichten Trampelbewegungen mit gespreizten Pfoten und abwechselnd ein- und aufgefahrenen Krallen bearbeiten Kätzchen das Gesäuge der Mutter. Im Erwachsenenalter zeigt es Wohlbefinden und stellt einen großen Liebesbeweis dar.

Unsauberkeit

Damit Katzen ihrer Reinlichkeit nachkommen können, benötigen sie ein Katzenklo, welches in der Größe zu ihnen passt und ruhig steht. Auch medizinische Gründe können Unsauberkeit auslösen. Verstecken Nicht nur ängstliche Katzen verstecken sich, sondern die Samtpfoten lieben es auch, Verstecken zu spielen und sich von ihrem Besitzer finden zu lassen.

Wohlfühlen

Treteln, schnurren, aber auch miauen sind Ausdruck von Wohlbehagen.

Zähne

Katzen beißen nicht nur, um jemanden abzuwehren, sondern auch zur Liebkosung. Begleitet wird dieser sanftere Biss von Schnurren. Beißen kann bei nicht kastrierten Katern auch aus sexueller Erregung durch Bauchkraulen ausgelöst werden.

Abschnitt 2: Die Katzensprache lernen und verstehen

Katzen haben eine ausgeprägte Körpersprache. Ob Freude oder Angst, die Körperhaltung verrät vieles. Katzensprache zu verstehen erfordert Übung.

Wer das Verhalten von Katzen richtig deuten und die Katzensprache lernen möchte, muss sich immer bewusst sein, dass Katzen sehr aufmerksame Beobachter sind.

Sie registrieren jede Regung ihres Gegenübers – jedes Blinzeln – und folglich kann auch die kleinste Bewegung in der Körpersprache von Katzen von großer Bedeutung sein. Wer seine Katze verstehen will, muss daher sehr aufmerksam sein und ganz genau hinschauen. Im Folgenden verraten wir, worauf Sie dabei besonders achten sollten.

Körpersprache von Katzen. Katzen haben eine ausgeprägte Mimik. Das Zusammenspiel von Augen, Ohren und Schwanz sowie der Körperhaltung verraten eine ganze Menge über den Gemütszustand und die Stimmung der Katze. Aufgestellte Schnurrhaare und nach vorne gerichtete Ohren zeigen beispielsweise Aufmerksamkeit.

Wie zeigen Katzen Freude? Durch einen aufgestellten Schwanz drückt eine Katze auch Freude aus. Freut sich die Katze, läuft sie außerdem oft aufgeregt hin und her, manchmal begleitet von einem aufmerksamen Miauen. Wenn der Grund für die Freude zum Beispiel die Heimkehr des lieben Besitzers ist, streicht die Katze auch häufig anhänglich um dessen Beine und reibt den Kopf. Mit diesem sogenannten "Köpfchen geben" signalisiert sie: "Du gehörst zu mir", denn die an den Wangen befindlichen Duftdrüsen hinterlassen eine, von uns Menschen unbemerkte, Markierung mit dem individuellen "Familiengeruch". Doch Vorsicht: Die gleichen Zeichen von Freude wenden viele Katzen auch an.

Wenn Katzen spielen möchten Verspielte Katzen erkennt man nicht unbedingt an einer speziellen Körperhaltung, sondern an ihrem ganzen Verhalten. Manche Katzen rennen wie verrückt durch die Wohnung oder den Garten, wenn sie vom Spieltrieb gepackt werden. Katzen, die verspielt sind, wälzen sich zudem oft auf dem Boden und machen die verrücktesten Verrenkungen. Möchten sie ihre Menschen zum Mitspielen auffordern, wird häufig mit einer Pfote nach der Hand oder dem Hosenbein getatzelt.

Die Ohren als Stimmungsbarometer Die Stimmung einer Katze lässt sich am besten an den Ohren ablesen: Wenn sie entspannt nach vorne gerichtet sind, signalisiert das Freundlichkeit.

Erregt etwas die Aufmerksamkeit der Katze, werden die Ohren in diese Richtung gedreht. Unzufriedenheit zeigt sich, indem die Ohren nach und nach zur Seite gedreht werden.

Die Katze sagt auf diese Weise: "Das, was du da gerade machst, gefällt mir nicht." Werden die Ohren noch weiter nach hinten gedreht, sodass die Rückseite sichtbar wird, signalisiert die Katze Furcht, warnt aber auch, dass sie gleich angreifen könnte, wenn sie sich weiter bedroht und in die Enge getrieben fühlt ist. Wildkatzen haben hinten auf den Ohren jeweils einen hellen Fleck.

Zeigt die Rückseite der Ohren nach vorne, wirken diese wie ein zweites Augenpaar, wodurch ihr Gegenüber eingeschüchtert werden soll. Schlägt die Angst in Aggression um, werden die Ohren flach an den Kopf gelegt. In der Regel geht die Katze dann im selben Moment zum Angriff über.

Wie zeigen Katzen Furcht und Aggression? Bei Angst oder Aggression sträubt die Katze ihr Fell und macht einen typischen Buckel, um größer zu wirken und so den Gegner einzuschüchtern. Die Ohren sind bei einer aggressiven Katze nach hinten gedreht und flach angelegt. Mischt sich Furcht darunter, werden die Ohren etwas mehr zur Seite geklappt. Der Schwanz ist ebenfalls gesträubt und als Zeichen der Angst leicht geknickt.

Eine angriffslustige Katze stellt ihn ganz waagerecht. Am einfachsten lassen sich Furcht und Aggression an den Pupillen unterscheiden. Sind sie eng gestellt und schlitzförmig, ist die Katze wütend. Bei Angst und Erregung sind die Pupillen dagegen sehr weit.

Was der Katzenschwanz außerdem verrät Unterwerfung zeigt die Katze durch einen eingezogenen Schwanz. Manchmal präsentiert sie dem Gegenüber auch ihren Bauch, ihre verletzliche Seite. Diese Geste ist bei Katzen allerdings nicht so eindeutig wie bei Hunden.

Zum einen können sie sich auch auf dem Rücken liegend noch hervorragend mit den Krallen verteidigen, zum anderen ist das Rollen auf den Rücken häufig auch eine Spielaufforderung.

Bei der Interpretation ist also immer der jeweilige Kontext ausschlaggebend. Ein zuckender Schwanz bedeutet Unsicherheit. Vielleicht beschäftigt die Katze gerade ein innerer Konflikt. Dieses Verhalten ist auch häufig bei der spielerischen Jagd zu beobachten. Im Ernstfall dagegen verhält sich die Katze ganz starr und still, um von ihrer Beute nicht entdeckt zu werden.

Das richtige Maß beim Blickkontakt Blickkontakt signalisiert zunächst einmal Aufmerksamkeit. Dabei sind die Augen der Katze oft halb geschlossen. So zeigt sie, dass sie freundlich gesonnen ist. Man sollte Katzen niemals anstarren, auch wenn ihre schönen Augen uns faszinieren. Denn Anstarren gilt als Drohgebärde. Blinzeln Sie Ihrer Katze besser immer mal wieder deutlich zu. Mit ein bisschen Glück blinzelt Ihre Mieze zurück.

Sie haben in der Katzensprache ein Lächeln ausgetauscht. Auch Katzen untereinander wenden bei Begegnung immer mal wieder den Blick ab, um Friedfertigkeit zu demonstrieren und ihr Gegenüber zu beruhigen. Blinzeln wird zudem auch als Übersprunghandlung beobachtet.

Ist die Katze unsicher, signalisiert sie lieber erstmal, dass sie nicht auf Streit aus ist.

Wie verhalten sich Katzen bei Paarungsbereitschaft? Kätzinnen werden je nach Rasse mit etwa vier bis zwölf Monaten geschlechtsreif. Sie werden dann mehrmals im Jahr "rollig", also paarungsbereit. Die Paarungsbereitschaft ist saisonabhängig, von Oktober bis Dezember tritt normalerweise eine Ruhepause ein, in der die Katze gar nicht rollig ist. Bei Wohnungskatzen geht dieser Rhythmus jedoch häufig verloren.

Rollige Katzen sind in dieser Zeit sehr unruhig, miauen viel und wälzen sich. Dabei rollen sie sich hingebungsvoll hin und her, was die Bezeichnung erklärt.

Zudem stellen sie ihren Schwanz zur Seite, ein weiteres Signal, um einem Kater ihre Paarungsbereitschaft zu zeigen. Kater werden durchschnittlich mit acht bis zehn Monaten geschlechtsreif. Bei ihnen ist keine Saisonabhängigkeit zu beobachten, sie sind immer paarungsbereit. Rollige Katzen werden von Katern über große Entfernungen wahrgenommen, da sie einen besonderen Geruch verströmen.

Da kann auch ein braver Wohnungskater schonmal zu einem Ausbruchversuch verleitet werden, wenn in der Nachbarschaft eine rollige Katze herumstreunt. Außerdem markieren die meisten geschlechtsreifen Kater ihr Revier auch drinnen. Dieses Verhalten kann mit einer rechtzeitigen Kastration unterbunden werden.

Laute als Teil der Katzenkommunikation Katzen untereinander kommunizieren vor allem über Gesten und Gerüche. Sie verfügen aber auch über ein ausgeprägtes Lautrepertoire, das weit über das Miauen hinausgeht: Knurren und Fauchen sind als Warnung zu verstehen. Im Kampf geht dies in ein kehliges Heulen über, bis hin zu Kreischen und Jaulen, was Aggression und zum Teil auch Furcht ausdrückt.

Angespannte oder vom Jagdfieber gepackte Katzen schnattern manchmal, wobei dies häufig eher nach Schmatzen klingt. Sanftes Gurren soll beruhigen und demonstriert Paarungsbereitschaft. Schnurren signalisiert nicht nur, dass sich eine Katze wohlfühlt, sondern kann auch dazu dienen, sich selbst zu beruhigen. Vermutlich stimulieren Katzen darüber sogar die körpereigenen Selbstheilungskräfte.

Über den Ursprung des Schnurrens sind sich Forscher bis heute uneinig. Das eigentliche Miauen entspringt der Babysprache und wird vor allem dem Menschen gegenüber beibehalten.

Dabei entwickeln viele Katzen die unterschiedlichsten Variationen, je nachdem, was sie gerade von "ihrem" Menschen möchten. Hier fällt auch besonders auf, wie unterschiedlich die Stimmen der Katzen sein können.

Putzverhalten von Katzen Etwa 3,5 Stunden am Tag verbringt eine Katze damit, sich ausgiebig zu putzen. Dieses typische Katzenverhalten dient natürlich vor allem der Fellpflege. Gegenseitiges Putzen ist zudem sehr wichtig für die soziale Bindung. Viele Katzen lecken sich besonders oft und ausgiebig die Pfoten. Dabei handelt es sich in vielen Fällen um eine Übersprunghandlung.

Diese tritt auf bei Aufregung, Verlegenheit oder Unsicherheit. Solche Übersprunghandlungen dienen als Stresslöser. Mit einer vertrauten Handlung überspielt die Katze, dass sie gerade nicht weiß, wie sie sich richtig verhalten soll. Vermutlich werden durch das Lecken außerdem Glückshormone (Endorphine) freigesetzt.

Meine Katze gähnt – ist sie müde? Katzen gähnen – wie wir Menschen auch – gelegentlich, wenn sie müde sind und vor allem nach dem Aufwachen, kombiniert mit ausgiebigem Strecken. Bei dem weiten Aufreißen des Mauls werden die Gesichtsmuskeln entspannt. Viel wichtiger ist aber wohl, dass durch das Gähnen Stress abgebaut wird. So gähnen Katzen, wenn sie unsicher sind oder zur Beschwichtigung eines Artgenossen. Übrigens lassen sich erstaunlicherweise auch Tiere vom Gähnen von Menschen anstecken.

Die schlafende Katze Man sagt, Katzen schlafen etwa 12 bis 16 Stunden am Tag. Die meiste Zeit verbringen sie dabei aber dösend. Ihre Augen sind zwar geschlossen, aber sie registrieren noch immer, was um sie herum geschieht. Besonders leicht ist das daran zu erkennen, dass die Katze mit den Ohren spielt und auch auf leise Geräusche reagiert. Erregt etwas die Aufmerksamkeit der Katze, öffnet sie ein oder beide Augen und dreht den Kopf in die entsprechende Richtung.

Dann entscheidet sie, ob es sich lohnt, aufzustehen, oder ob sie weiter döst. In Tiefschlaf fallen Katzen nur dann, wenn sie sich sehr sicher fühlen und in der Regel auch immer nur für einige Minuten. In einer solchen Phase sollte man eine Katze niemals unvermittelt anfassen, sondern immer vorher ansprechen. Es kann sonst sein, dass sie so sehr erschrickt, dass sie sofort angreift und die berührende Hand attackiert. Ob Tiere wirklich träumen können, darüber herrscht Uneinigkeit.

Wer seine schlafende Katze aber einmal längere Zeit beobachtet, wird feststellen, dass sie gelegentlich im Schlaf mit den Pfoten zuckt und rudert und manchmal sogar anfängt zu schmatzen. Vielleicht träumt sie ja wirklich gerade von der Jagd nach einer Maus.

Ist meine Katze krank? Kranke Katzen zeigen meistens erst sehr spät, dass es ihnen schlecht geht. Die natürlichen Instinkte sorgen dafür, dass die Katze keine Schwäche zeigt. Daher sollte man bei den ersten Anzeichen, dass es der Katze nicht gut geht, einen Tierarzt um Rat fragen, denn häufig sind die Katzen dann schon länger krank und haben das bisher nur gut versteckt.

Wie aber erkennt man, ob eine Katze krank ist? Eine kranke Katze wird zuerst aufhören zu spielen. Da der Spieltrieb jedoch individuell sehr unterschiedlich ist und manche Katzen, vor allem Freigänger, gar kein Interesse an Spielen mit dem Menschen zeigen, ist dies ein sehr unsicheres Zeichen.

Erst wenn es der Katze schlechter geht, zieht sie sich zurück. Kranke Katzen schlafen vermehrt, wobei sie erhöhte Plätze oft nicht mehr aufsuchen, um Anstrengungen zu vermeiden. Wenn die Schläfrigkeit in richtige Teilnahmslosigkeit (Apathie) umschlägt, ist das häufig ein Zeichen für Fieber. Außerdem hören kranke Katzen häufig auf, zu fressen.

Körpersprache bei Schmerzen Auch Schmerzen zeigen Katzen oft fast gar nicht. Im Gegensatz zur Angst gibt es bei Katzen keine Körpersprache oder typische Haltung, die allgemein Schmerz signalisiert. Katzen lahmen eigentlich erst dann, wenn sie mit einer Pfote wirklich kaum noch auftreten können. Nur bei einem plötzlichen Schmerz, etwa wenn der Katzenschwanz aus Versehen eingeklemmt wird, schreit ein Stubentiger auch mal auf.

Dies ist jedoch auch dem Schreck geschuldet. Der wohl wichtigste Indikator für Schmerzen ist, dass die Katze meistens aufhört, zu fressen. Doch auch hier muss zwischen sehr mäkeligen Katzen und den verfressenen Tieren deutlich unterschieden werden. Letztendlich können alle Verhaltensänderungen oder Auffälligkeiten ein Anzeichen sein, dass die Katze krank ist. Der Besitzer, der sein Tier am besten kennt, kann auch am besten beurteilen, was für seine Katze normal ist. Bei Unsicherheit sollte lieber einmal mehr der Tierarzt aufgesucht werden. Denn häufig verstehen Katzenbesitzer die Sprache ihrer eignen Katze am besten und liegen mit ihrer Vermutung, dass etwas nicht stimmt, ganz richtig.

Abschnitt 3: Die Katzenerziehung – eine Beziehung zwischen Tier und Mensch aufbauen

Katze und Mensch: Warum jede Beziehung einzigartig ist

Samtpfoten wirken zwar manchmal unabhängig und individualistisch, dennoch können Katze und Mensch eine innige Freundschaft eingehen. Jede Beziehung zwischen Katzen und ihrem "Dosenöffner" ist dabei etwas Besonderes. Es scheint sogar so, dass die Stubentiger eine einzigartige Form der Kommunikation entwickeln, die speziell auf ihren Lieblingsmenschen eingestellt ist.

Mensch-Katze-Beziehung: Eine Frage der Persönlichkeit?

Die Wissenschaftler besuchten die Mensch-Katze-Gespanne viermal in ihrem Zuhause für jeweils 45 Minuten um die Fütterungszeit der Samtpfoten herum. Sie wollten wissen, wie die Tiere und ihre Halter miteinander interagieren und sich verständigen. Des Weiteren interessierte die Forscher, ob sich bestimmte gemeinsame Charakterzüge zwischen den Persönlichkeiten der Halter und der Vierbeiner erkennen ließen.

Die Menschen wurden mithilfe von Persönlichkeitstests eingeschätzt, die Katzen über Beobachtung ihres Verhaltens. So wurde beispielsweise die Zutraulichkeit und Anhänglichkeit einer Samtpfote dadurch geprüft, ob sie ihren Menschen zur Tür begleitet, wenn er geht, oder nicht. Oder es wurde die Reaktion des Tiers analysiert, wenn ihr Besitzer sie auf den Arm nahm.

Die Wissenschaftler codierten die Daten, die sie aus den Videoaufnahmen ziehen konnten, speisten diese in ein Computerprogramm ein, welches dann nach gemeinsamen Verhaltensmustern in der Beziehung zwischen Katze und Mensch suchte.

Tatsächlich wurde der Computer fündig und entdeckte ein paar Gemeinsamkeiten. Demnach sei das Verhältnis zwischen sehr extrovertierten oder sehr gewissenhaften Menschen und ihren Tieren besonders komplex und offenbar sind die Beziehungen zwischen weiblichen Katzenhalterinnen und ihren Samtpfoten inniger und intensiver als die zwischen männlichen Katzenhaltern und ihren Stubentigern.

Allerdings muss dazu gesagt werden, dass nur zehn Männer an der Studie teilnahmen und dass auch 40 Teilnehmer insgesamt keine allzu repräsentative Menge ist.

Dennoch scheint die Schlussfolgerung, die die Wissenschaftler aus ihren Beobachtungen zogen, spannend: Es scheint so, als ob gegenseitige Aufmerksamkeit und eine Art freundschaftlicher Körperkontakt wichtige Aspekte bei den Verhandlungen zwischen Katze und Mensch darstellen. Jede Beziehung zwischen einer Samtpfote und ihrem Halter ähnele den Beziehungen zwischen Menschen, hieß es.

Kommunikation zwischen Katze und Mensch

Eine andere Studie der US-amerikanischen Universität von Cornell aus dem Jahr 2003 legt nahe, dass Katzen eine ganz individuelle Kommunikation mit ihren Menschen entwickeln. Das Miauen der Samtpfoten spielt zwischen Artgenossen kaum eine Rolle, jedoch zwischen Katze und Mensch. Anscheinend lernen die Tiere, dass Menschen sie besser verstehen und eher wie gewünscht reagieren, wenn sie Laute von sich geben, wie etwa das "Miau". Die Zeichen der Körpersprache verstehen Menschen wohl nicht so schnell wie Geräusche.

Offenbar entwickelt dabei jede Mensch-Katze-Beziehung überdies ihre eigene Sprache, sodass jeder Katzenhalter genau begreift, was seine Miez von ihm möchte, je nachdem, wie das jeweilige "Miau" klingt.

Die amerikanischen Wissenschaftler nahmen von zwölf Katzen ihre Laute in verschiedenen Alltagssituationen auf Band auf und spielten die Aufnahmen ihren Besitzern vor.

Diese sollten anhand des Klangs bestimmen, um welche Alltagssituation es sich handelte. Wie sich herausstellte, lagen nur die Besitzer der jeweiligen Katze mit ihrer Vermutung richtig. Nun sind zwölf Katzen ebenfalls ziemlich wenige Teilnehmer, doch jeder Katzenfreund weiß: Die Beziehung zwischen Haustier und Mensch ist immer einzigartig.

Warum miauen erwachsene Katzen nur bei Menschen?

Menschen ist das Miauen ihrer Katzen wohlbekannt, dabei kommunizieren erwachsene Fellnasen untereinander überwiegend mit körperlichen Signalen. Ab und zu kommen noch Fauchen, Kreischen oder Grollen unter Artgenossen hinzu, doch das "Miau" bleibt den Zweibeinern vorbehalten.

Katzen sind sehr intelligent, daran hat wohl kein Katzenfreund seine Zweifel. Mit dem Miauen haben die klugen Samtpfoten sich sogar eine Sprache angewöhnt, die nur für uns Menschen reserviert ist. Woher das kommt, erfahren Sie hier.

Untereinander benutzen Katzen vor allem Körpersprache

Begegnen sich zwei Katzen, verständigen sie sich vor allem über subtile Zeichen der Körpersprache, die Menschen wahrscheinlich gar nicht alle bemerken würden. Außerdem senden sie Signale über Gerüche, die ihre Artgenossen über das Flehmen wahrnehmen und dann deuten können.

Im Sozialverhalten, Paarungsverhalten und Revierverhalten kommt es zu ausgefeilten Abläufen, die teilweise auf Menschenaugen wie Tänze anmuten dürften. Doch Katzen wissen jede einzelne Bewegung, jede Veränderung der Mimik genau zu deuten. Zwar können sich in die Katzenkommunikation auch Laute mischen, doch diese sind eher selten und kommen im Wesentlichen nur zum Tragen, wenn die Körpersprache und andere "nonverbale" Signale nicht ausreichen.

Miauen bei Menschen kommt aus dem Kätzchenalter

Katzen benutzen gegenüber Menschen das Miauen, um mitzuteilen, dass sie etwas wollen. Ob sie Hunger haben, ihre Zweibeiner begrüßen oder gestreichelt werden möchten, ob sie nach draußen oder drinnen wollen oder ob ihnen etwas fehlt, können sie mit Körpersprache allein den "begriffstutzigen" Menschen nicht vermitteln. Fellnasen lernen dies recht schnell und merken, dass wir mit ihnen viel über Laute kommunizieren. Also gehen sie mit dem Miauen sozusagen auf uns zu und stellen sich auf unsere Kommunikationsart ein wenig ein.

Als Babys miauen übrigens alle Katzen. Kätzchen rufen damit nach ihrer Mutter, wenn sie Hunger haben oder sich allein fühlen. Ihre Katzenmama weiß dann, wie sie die Bedürfnisse ihrer Kätzchen erfüllen kann. Erwachsene Katzen, die in der Wildnis leben, gewöhnen sich das Miauen in der Regel wieder ab, weil sie es unter Artgenossen nicht brauchen. Aber für die Katze-Mensch-Kommunikation erweist es sich als praktisch.

Katzen und ihre wilden fünf Minuten: Was steckt dahinter?

Ist Ihre Katze auch verrückt? Oder zumindest einmal am Tag? Die sogenannten wilden fünf Minuten einer Katze lassen die Annahme zu, dass irgendetwas nicht stimmt. Doch das Gegenteil ist der Fall. Hier erfahren Sie, was es mit den wilden fünf Minuten auf sich hat, die viele Katzen regelmäßig in wie von der Tarantel gestochene Plüschraketen verwandeln.

Es geschieht meist aus dem Nichts und endet so plötzlich, wie es begonnen hat: Die wilden fünf Minuten bei Katzen können den Halter oder die Halterin regelrecht erschrecken. Die gute Nachricht: es ist normal und Ihre Katze ist mit ziemlicher Sicherheit nicht verrückt.

So können die wilden fünf Minuten bei einer Katze aussehen

Ihre Katze liegt friedlich auf dem Kratzbaum und schaut sie freundlich an. Eine Sekunde später rast Ihnen ein wilder Fellball durch die Beine, fliegt mit angelegten Ohren über das Sofa, schaut Sie von der Fensterbank mit wirrem Gesicht an und maunzt leidenschaftlich. Schon geht es weiter, mit gesträubtem Fell zischt Ihre Katze quer durch den Raum, der Schwanz ist wie eine Flaschenbürste gerade nach oben gerichtet.

Und dann ist es wieder vorbei. So, oder so ähnlich beobachten viele Katzenhalter auf der ganzen Welt täglich die wilden fünf Minuten ihrer Miez. Oftmals startet das Verhalten übrigens nach dem Besuch auf dem Katzenklo.

"Verrücktes" Verhalten ist nicht besorgniserregend

Natürlich ist die Frage legitim, ob die wilden fünf Minuten einer Katze normal sind. Die Antwort lautet: Ja. Es ist in den Augen vieler Experten sogar ein Zeichen dafür, dass es Ihrer Fellnase gut geht und sie sich bei Ihnen wohlfühlt. Die "irre Zeit" dient dazu, angestaute Energien abzubauen, Adrenalin freizusetzen und so wieder ausgeglichener zu werden. Sie können ihr dabei helfen, indem Sie Ihre Katze mit abwechslungsreichen Spielen, einem schönen Kratzbaum und gelegentlichen Streicheleinheiten vor Langeweile bewahren und sie genug auslasten.

Eine Katze, die sich schlecht fühlt, zeigt jedoch in der Regel keine verrückten fünf Minuten, sondern wirkt eher ungewöhnlich zurückhaltend und lustlos.

Nur dann, wenn sich eine Samtpfote in den eigenen vier Wänden auskennt und geborgen fühlt, wagt sie den Wahnsinn. Also machen Sie sich keine Sorgen, wenn es mal wieder für ein paar Minuten hektisch wird, sondern freuen Sie sich darüber, dass Ihre Miez sich Ihnen so ausgelassen zeigt. Und außerdem ist das tobende Treiben mitunter sehr witzig anzuschauen.

Warum kommen Katzen gern mit ins Badezimmer?

Viele Katzen folgen ihren Lieblingsmenschen überall hin – sogar ins Badezimmer. Woran liegt das? Ist es einfach eine typische kuriose Katzengewohnheit? Oder hat es einen tieferen Sinn, wenn Samtpfoten vor der Badezimmertür nicht Halt machen?

Kaum sind Sie im Badezimmer verschwunden, hören Sie auch schon ein freundlich-bestimmtes Pfotenscharren an der Tür – der Miez scheint es nicht zu gefallen, dass Sie ohne sie hineingegangen sind. Ist es Neugier und Liebe? Oder ist Ihre Katze zu anhänglich?

Katzen sind neugierig

Die Gründe, weshalb Katzen gern mit ins Badezimmer kommen, sind in der Regel harmlos und als Kompliment zu verstehen. Fellnasen sind sehr neugierig und möchten gern wissen, was hinter der verschlossenen Badezimmertür vor sich geht. Es hängt auch von der

Miez im Badezimmer: Zu anhänglich?

Normalerweise ist es aber kein Grund zur Beunruhigung, wenn Katzen Sie ins Badezimmer begleiten. Wenn Ihre Katze allerdings grundsätzlich nicht alleine sein kann, steckt vielleicht eine Art Trennungsangst dahinter. Sie äußert sich einerseits in extremer Anhänglichkeit, andererseits in allgemeinen Verhaltensstörungen.

So neigen Katzen mit Trennungsangst zu Unsauberkeit, wenn sie sich einsam fühlen, und dulden nicht einen Augenblick des Alleinseins.

Lautstarke Mauzkonzerte und ständige Störaktionen bei Ihren Tätigkeiten können die Folge sein. In diesem Fall empfiehlt sich der Gang zum Tierarzt, um gesundheitliche Ursachen auszuschließen. Kann der Tierarzt nichts feststellen, hilft Ihnen ein Katzenpsychologe weiter.

Zurückhaltende Samtpfoten warten möglicherweise geduldig, bis Sie aus dem Badezimmer wieder herauskommen. Samtpfotige Entdecker und Draufgänger hingegen stehen mit Vorliebe im Mittelpunkt des Geschehens und finden es unerhört, wenn sie nicht mit ins Badezimmer dürfen.

Liebe zur Bezugsperson

Darüber hinaus gibt es Katzen, die ein sehr enges Verhältnis zu ihrer Bezugsperson haben und gern in ihrer Nähe bleiben. Der Besuch im Badezimmer ist dann als Liebesbeweis zu werten. Die Liebe zur Bezugsperson kann auch in Kombination mit Neugier auftreten. Dann möchte die Miez mit ins Bad, um Ihnen nahe zu sein und entdeckt dort dann lauter interessante Spielmöglichkeiten.

Wenn Sie bemerken, dass Ihre Katze oft fordert, dass Sie ihr den Wasserhahn vom Waschbecken aufdrehen, sodass sie davon trinken kann, hat sie womöglich einfach Durst. Sie können dann ausprobieren, ob Ihr Stubentiger sich über einen Wasserbrunnen freut, falls er seine Trinknäpfe ignoriert. Trinkfaule Katzen mögen unter Umständen bloß kein stehendes Wasser. Ihre Katze trinkt plötzlich viel Wasser? Dann kann Diabetes oder eine Niereninsuffizienz dahinter stecken. Sucht sie auffallend häufig im Badezimmer Abkühlung, kann dies eventuell ein Symptom für eine Schilddrüsenüberfunktion sein. In diesem Fall sollten Sie lieber zum Tierarzt gehen und die Gesundheit Ihrer Miez überprüfen lassen.

Abschnitt 4: Clickertraining für Katzen – die spielerische Erziehung

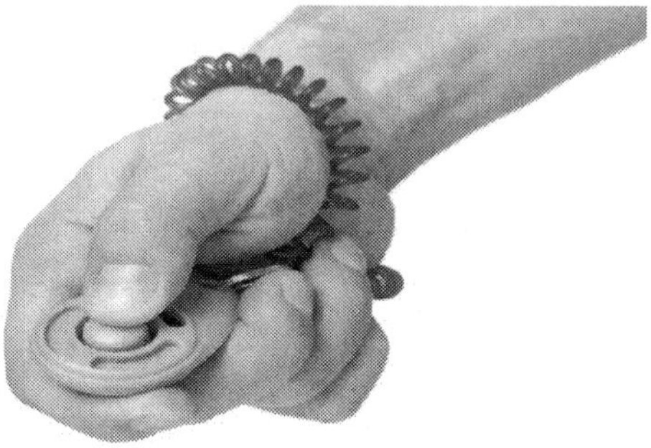

Auch wenn Katzen zu den beliebtesten Haustieren schlechthin gehören, sollte die Haltung auf keinen Fall unterschätzt werden. Auch hier kommt viel Verantwortung auf die Katzenbesitzer zu, die niemals unterschätzt werden sollten. Neben dem guten Futter und passendem Katzenzubehör gibt es noch viele weitere Punkte, die bei der Haltung dieser sensiblen Tiere sehr wichtig sind. Katzen gehören zu den Tieren, die körperlich und geistig ausgelastet werden wollen. Ist dies nicht der Fall, kann es schnell dazu kommen, dass Katzen den Protest beginnen.

Sei es dann Kratzen an Tapeten und Möbeln, das Markieren oder aber sogar Urinieren in Kleidung, Bett und Co., es gibt viele Wege, auf die eine Katze zeigen kann, dass sie unzufrieden ist. Das Clickertraining ist eine besonders gute Möglichkeit, um einer Katze ein bisschen was beizubringen, sie in Sachen Köpfchen auszulasten und gemeinsam Spaß zu haben. Wir wollen Ihnen in diesem Artikel nicht nur über dieses besondere Training informieren, sondern auch Tipps geben, wie das gemeinsame Clickern am besten funktioniert und auf was Sie achten sollten.

Das Clickern einfach erklärt

Das Clickern ist dazu da, um der Katze entweder etwas abzugewöhnen oder ihr etwas anzutrainieren. Denn hier reicht das Bitten oder eine strenge Ermahnung samt eines bösen Blickes bei Katzen einfach nicht aus. Beim Clickern mit Katzen wird ausschließlich mit den positiven Reizen gearbeitet. Das bedeutet, dass das positive Verhalten Ihrer Katze mit dem Klicken sowie einer kleinen Leckerei belohnt wird. Dabei wird allerdings das negative Verhalten ignoriert und nicht bestraft oder belohnt. Katzen lernen nun, dass sie etwas richtig gemacht haben, wenn Sie clickern.

Rufen Sie also doch mal Ihre Katze und belohnen Sie Ihren Liebling, wenn er kommt mit einem Leckerli und einem Klicken. Katzen merken also schnell „Wenn ich das Verhalten zeige, dass Herrchen bzw. Frauchen möchte, werde ich belohnt". Aufgrund der Tatsache, dass Katzen sowohl neugierig als auch ziemlich verfressen sind, kann man ihnen so viele tolle Tricks beibringen und jede Menge Spaß haben.

Wichtig ist es jedoch, dass die Katze erstmal verstehen muss, dass ein gewisses Verhalten von ihr mit einer Belohnung einhergeht. Sobald die Tiere das erstmal verstanden haben, kann man trainieren und das gewünschte Verhalten durch Zeichen provozieren. Das Klicken bedeutet also übersetzt für die Katze „Belohnung".

Die Vorbereitung vor dem ersten Clickertraining

Das Clickern kann sowohl mit einem speziellen Clicker als auch mit dem Schnalzen der Zunge, einem Codewort oder einem anderen Geräusch durchgeführt werden. Wichtig ist allerdings, dass das Geräusch immer das Gleiche ist, sodass Experten wirklich zu den speziell für das Training entwickelte Produkt raten.

Neben dem Clicker selbst werden natürlich kleine Belohnungen benötigt. Hier sollten Sie zu wirklich tollen Sachen greifen, welche Ihre Katze nicht zu oft bekommt. Dabei sollten es kleine Snacks sein, die am besten einfach zu kauen und nicht zu klebrig oder zu groß sind.

Zusätzlich ist es gar nicht verkehrt, wenn Sie die Leckerchen in einem kleinen Beutel aufbewahren. Das hat den Vorteil, dass Ihre Hände dann nicht nach dem Leckerchen riechen, was die Katze schnell ablenken könnte. Zusätzlich sind die Snacks so schnell griffbereit, jedoch nur für Sie und nicht für Ihre Katze. Auch ein Wechsel vom Trainingsort ist so absolut kein Problem. Zu guter Letzt haben Sie durch die Verwendung von einem kleinen Beutel beide Hände für das Training frei, was natürlich bei einigen Tricks, wie zum Beispiel das Springen durch einen Reifen, von Vorteil ist.

Zusätzlich gibt es die Möglichkeit, farbige Kissen einzusetzen, welche den Katzen sowohl den Start als auch das Beenden des Trainings anzeigen sollen und für das Training von mehreren Katzen eingesetzt werden können. Auf dieses besondere Clickertraining gehen wir weiter unten im Artikel noch näher ein.

Des Weiteren können Sie sich noch Spielzeug dazu holen, welches für die Durchführung der einzelnen Tricks genutzt werden kann. So zum Beispiel Reifen, Bälle oder Targetstäbe.

Bei Katzen, die sich bereits im Fortgeschrittenen Bereich befinden, können Sie auch verschieden farbige Karten, Seile und weiteres Zubehör nutzen, um das Training spannender zu gestalten und den Schwierigkeitsgrad immer weiter zu steigern. Hier werden der Fantasie keinerlei Grenzen gesetzt. Wichtig ist es nur, dass es Ihnen und Ihren Tieren Spaß macht.

Wichtige Utensilien für das Clickertraining:

- Clicker
- Leckereien
- Beutel für Leckerchen
- Kissen
- Karten
- Targetstab
- Bälle und weiteres Zubehör

Das Training beginnt

Das Clickertraining kann zu jeder Zeit gestartet werden. Wichtig ist es allerdings, dass Sie sich Zeit dafür nehmen und Geduld haben, denn es wird nicht von Anfang an zu 100 Prozent funktionieren. Des Weiteren eignet sich das Clickertraining für Katzen aller Altersgruppen und auch rassebedingt gibt es keinerlei Ausnahmen. Die Katze selbst sollte Lust dazu haben und neugierig sein, dann wird es mit Geduld und dem richtigen Training funktionieren.

Ganz zu Beginn sollten Sie und Ihre Katze sich mit dem Clicker bekannt machen, das Geräusch kennenlernen und sich mit diesem auseinandersetzen. So braucht auch die Katze nun die Möglichkeit, dieses ganz neue Ding wahrzunehmen und auch den Geruch und das Geräusch, welches durch das Clickern verursacht wird, aufzunehmen. Auch Sie selber sollten im Vorfeld genau schauen, wie der Clicker zu benutzen ist und sich mit der Handhabung vertraut machen. Haben Sie sich beide daran gewöhnt, geht es weiter.

Jetzt muss die Katze begreifen, dass mit dem Klick des Clickers eine Belohnung verbunden wird. Dieses unverkennbare Geräusch bedeutet also etwas ganz Tolles und ist daher positiv. Verknüpfen Sie das Klick also immer mit einem Leckerchen, was Sie der Katze nun überreichen können. Dafür gibt es eine recht einfache Vorgehensweise. Sobald Sie sich mit den entsprechenden Leckerchen ausgestattet haben, können Sie die Katze zu sich rufen. Kommt sie nun angelaufen, lösen Sie den Klick aus und geben Ihrer Katze direkt das Leckerchen.

Das machen Sie bitte auch dann, wenn die Katze nicht sofort kommt, sondern später auf Ihr Rufen reagiert. Jetzt wird immer wieder der Standort gewechselt, anschließend die Katze gerufen, wenn diese kommt, wird geclickert und sie direkt mit einem Leckerchen belohnt. Nach einigen Wiederholungen wird jede Katze das Prinzip verstanden haben.

Die erste Trainingseinheit sollte allerdings niemals übertrieben werden. Zehn Wiederholungen reichen also zum Beispiel vollkommen aus. Diese Übung können Sie nun entweder später am Tag, am danach folgenden Tag oder an einem anderen Zeitpunkt wiederholen, wobei der Abstand des nächsten Trainings natürlich nicht zu weit weg sein sollte, da man ansonsten eventuell von Neuem beginnen muss.

So läuft das Clickertraining mit der Katze ab

Sobald die Katze den Zusammenhang zwischen dem Klick und dem Leckerchen bzw. der direkt folgenden Belohnung verstanden hat, können Sie das Training vertiefen und die ersten Tricks erarbeiten. Beginnen Sie das Training immer in einer ruhigen Umgebung, wo keinerlei Ablenkungen bestehen. So können Sie und Ihre Katze sich komplett auf das Training konzentrieren und effizienter zusammen arbeiten. Des Weiteren sollte auch Zeit vorhanden sein, um sich selbst keinen Zeitdruck zu setzen.

Viele Katzenhalter entscheiden sich zusätzlich dazu, das Training durch andere Gegenstände oder Rituale zu kennzeichnen. So trainieren zum Beispiel viele Katzenhalter mit ihren Tieren auf einem bestimmten Teppich.

Des Weiteren ist es immer wichtig, dass Sie ruhige Bewegungen und klare Anweisungen geben, denn auch diese helfen Ihren Katzen dabei, diese zu verstehen und anschließend umzusetzen. Durch das Clickern haben Sie nun die Möglichkeit, Ihre Katze ganz langsam und spielerisch zu den Tricks zu bringen und das Verhalten zu erzielen, welches Sie von Ihrer Katze wünschen. Nutzen Sie die natürlichen Verhaltensweisen und Handlungen einer Katze, denn aus denen lassen sich hervorragend tolle Tricks ableiten, was natürlich auch den Einstieg vereinfacht und dazu führt, dass erste Erfolge erzielt werden können.

Zuerst den Zusammenhang zwischen Clickern und Belohnung verstehen lassen.

Erste Tricks langsam erarbeiten. Am Anfang nur leichte Tricks auswählen. Eventuell feste Tageszeiten wählen, um Rituale zu schaffen. Ruhige Bewegungen. Klare Anweisungen.

Beispiele für einzelne Trainingseinheiten

Es gibt viele verschiedene Dinge, die man den Katzen mit dem Clickertraining beibringen kann. Hier mal einige Beispiele:

Übungen mit dem Targetstab: Verbeugen der Katze

Des Weiteren lässt sich natürlich auch konstruktives Verhalten mit dem Clickern trainieren. Das bedeutet, dass auch Tricks trainiert werden können, welche die Katze natürlicherweise nicht durchführt.

Natürlich kann beobachtet werden, dass sich auch Katzen gerne mal strecken, um die eigene Muskulatur zu dehnen oder an unterschiedliche Dinge zu gelangen, dabei bleibt es jedoch beim Strecken an sich. Das bedeutet, dass die Katze dabei nicht den Kopf senkt, wie es beim Verbeugen typisch wäre. Das hat den Grund, dass die Katze auch beim Strecken alles im Blick haben will. Beim Training sollte der Trick also in mehrere Teilbereiche eingeteilt werden, um das gewünschte Ergebnis zu erzielen.

Zu Beginn müssen Sie Ihre Katze dazu bringen, ihre Vorderpfoten auf Ihr Bein, Ihren Arm oder auf einen anderen erhöhten Gegenstand zu stellen. Die erste Übung besteht darin, dass Ihre Katze diese Übung komplett und somit problemlos auf Kommando beherrscht. Der nächste Schritt wäre nun der, dass Ihre Katze das Gesicht nach unten neigt. Wichtig ist allerdings, dass die Pfoten Ihrer Katze sich dabei nicht bewegen, sondern weiter in einer erhöhten Position ruhen. Sie können Ihre Katze am besten trainieren, indem Sie sie mit einem Leckerchen anlocken oder anderweitig die Aufmerksamkeit erregen und sie dazu bewegen, immer weiter in die Knie zu gehen. Der letzte Schritt besteht darin, der Katze diese Übung nun mit ausgestreckten Vorderpfoten beizubringen.

Der Katze mit Clickern Sitz beibringen

Der Trick Sitz eignet sich sowohl für Anfänger als auch für Fortgeschrittene, da sich dieser Trick an dem natürlichen Verhalten der Katzen orientiert. Diese Übung muss nicht in Teilübungen gegliedert werden und ist daher recht einfach für das Tier umzusetzen. So ist es logisch, dass sich jede Katze irgendwann hinsetzt. Vor allem dann, wenn irgendetwas, was sich über der Katze befindet, ihre Aufmerksamkeit erregt.

Tipps und Tricks beim Clickertraining mit der Katze

Beim Clickertraining mit der Katze werden in Sachen Übungen und Tricks der Fantasie keinerlei Grenzen gesetzt. Hier ist wirklich erlaub, was Ihnen und Ihrer Katze gefällt. So kann es zum Beispiel auch passieren, dass Ihre Katze auf Dauer bei der Ausübung von ausschließlich leichten Tricks unterfordert sein wird. Des Weiteren sind natürlich auch die Vorlieben der Katzen sehr verschieden, so mögen manche das Einsetzen von Requisiten, wie zum Beispiel Stangen, Bällen oder Schüsseln, wieder andere wollen mit diesem Zubehör erst gar nichts zu tun haben. Hier sollten Sie also immer die Bedürfnisse Ihrer Katze im Auge behalten, um zu schauen, welche Übungen besonders beliebt sind und gerne ausgeführt werden.

Wir wollen Ihnen nun einige Inspirationen geben, was Sie mit Ihrer Katze erarbeiten können und zeigen direkt, zu welchem Schwierigkeitsgrad diese Tricks gehören.

Übung mit der Katze

Sitz

Einfach - auch für Anfänger geeignet

Pfötchen geben

Einfach - auch für Anfänger geeignet

Auf Kommando miauen

Einfach - auch für Anfänger geeignet

Hinlegen

Einfach - auch für Anfänger geeignet

Küsschen geben

Mittel

Durch einen Reifen springen

Mittel

In einer Kiste, ins Körbchen

Mittel

Oder in die Transportbox gehen

Mittel

Einmal im Kreis drehen

Mittel

Rolle machen

Mittel

„High five“ bzw. „Gib fünf“

Mittel

Das Unterscheiden von Farben

Mittel

Unterscheiden von Katzen mit Unterschiedlichen Buchstaben, Mustern und Zahlen

Schwer - nur für Fortgeschrittene
Katzen geeignet

Blutabnahme simulieren

Schwer - nur für Fortgeschrittene
Katzen geeignet

Das Trainingstagebuch

Es ist immer ratsam, Trainingserfolge genauer festzuhalten. Ein Trainingstagebuch kann dabei helfen, das Clickertraining mit der Katze im Anschluss genauer zu analysieren. Hier können Sie festhalten, welche Tricks von Ihrer Katze besonders gut beherrscht werden und so noch mehr Trainingsbedarf besteht.

Das Clickern mit mehreren Katzen

Jedem Katzenhalter sollte klar sein, dass die Einzelhaltung der sozialen Tiere nie eine optimale Lösung ist. Aus diesem Grund ist es in der Regel so, dass ein Haushalt aus mehr als nur einer Katze besteht. Natürlich möchten alle Katzen gleichermaßen mitmachen, sodass vor allem zu Anfang das Clickertraining mit mehreren Katzen eine schwer zu lösende Aufgabe darstellen kann. Wir wollen Ihnen im Folgenden einige Tipps geben, wie Sie diese Herausforderung gemeinsam meistern können.

Die Katzen separieren

Viele Katzenhalter möchten das Clickertraining, vor allem zu Beginn, immer nur mit einer Katze alleine durchführen und separieren diese beim Training. So lassen Sie nur die Katze, mit der Sie nun Clickern wollen, im Raum. Haben die anderen Katzen jedoch erst einmal bemerkt, was Sie dort machen und welcher Spaß sowie welche tollen Belohnungen das Clickern mit sich bringt, kann es schnell passieren, dass diese vor der Tür Randale machen und auch rein wollen. Mit der all so wichtigen Ruhe ist es also schnell vorbei. Die Katze, mit der Sie trainieren wollen, kann sich somit nur sehr schlecht konzentrieren, was dazu führt, dass das Training alles andere als effizient ist.

Unterschiedliche Clickergeräusche

Es gibt viele verschiedene Clicker. Wie bereits zu Anfang erwähnt, können Sie verschiedene Geräusche zum Clickertraining mit Katzen nutzen. Das bedeutet ebenso, dass Sie auch für Ihre Katzen jeweils ein ganz eigenes Geräusch verwenden könnten. Haben die Katzen nun erstmal gelernt, welches Geräusch für sie bestimmt ist, macht das Trainieren auch mit mehreren Katzen einen riesen Spaß und bietet ebenso die Möglichkeit, Tricks gleichzeitig durchzuführen oder diese aufeinander aufzubauen, sodass auch ein Trick von beiden Katzen durchgeführt werden kann.

Feste Plätze und Ansprachen schaffen

Sie können natürlich auch mit Namen arbeiten und die Katze vor der jeweiligen Übung immer direkt ansprechen. Die Katzen merken nach einiger Zeit den unterschied und reagieren dementsprechend, wenn Sie sie ansprechen. Haben Sie also 2 Katzen, Pebbels und Percy, und möchten, dass eine davon in den Sitz geht, sagen Sie einfach „Pebbels Sitz“ und schon setzt sich die benannte Katze hin, während Percy nun stehen bleiben sollte.

Verhaltensauffälliges Verhalten durch Clickern weg bekommen?

Es ist gar nicht mal selten zu beobachten, dass Katzen, die sich unterfordert fühlen und sich somit langweilen, verschiedene Dinge tun, die wir Halter ganz und gar nicht toll finden. Und auch ängstliche Katzen können vom Clickertraining ganz klar profitieren. Katzen müssen ihr Köpfchen anstrengen, sich konzentrieren und aufmerksam bleiben. Des Weiteren können Sie mit dem Training das Vertrauen von einer scheuen und eher ängstlichen Katze erlangen, da es hierbei ja um ausschließlich positive Momente handelt, welche die Süßen allerdings nur mit ihrem Katzenhalter erleben.

Gibt es Probleme beim Clickern mit Katzen?

Natürlich gibt es auch beim Clickertraining mit Katzen einige Probleme, die schnell zu Frust auf beiden Seiten führen können. Die meisten Probleme entstehen allerdings im Zusammenhang mit falschen Signalen, einem falschen Verhalten sowie durch zu schwierige Übungen. Es gibt nämlich auf keinen Fall Katzen, die zu dumm zum Clickern sind.

Bemerken Sie, dass es Verständnisprobleme oder aber Rückschritte geben kann. Jetzt ist es wichtig, dass Sie das Tempo des Trainings eventuell etwas zurückschrauben oder bereits absolvierte Übungen nochmals wiederholen, um diese zu verinnerlichen.

Des Weiteren ist es auch immer sinnvoll, andere Herangehensweisen an die jeweiligen Übungen in Betracht zu ziehen und immer mal etwas Neues zu probieren, denn auch hier sind die Katzen sehr verschieden. Ein simpler Aufbau der Übungen ist da besonders wichtig.

Des Weiteren gibt es Katzen, die sich nach einiger Zeit ablenken lassen oder sehr gierig nach den Leckerchen schnappen. Gönnen Sie Ihren Tieren in dieser Situation am besten eine Ruhepause.

Des Weiteren gibt es natürlich immer wieder Tricks, welche für einige Katzen uninteressant sind. Achten Sie immer darauf, dass es auch den Tieren Spaß bereitet. In diesem Fall macht es Sinn, diese Übung nicht weiter zu verfolgen, sondern sich etwas anderes zu überlegen.

Achten Sie zusätzlich immer darauf, dass die Katze ausgeruht ist und Interesse zeigt. Der richtige Trainingszeitpunkt spielt also ebenfalls eine besonders wichtige Rolle beim Clickertraining mit Katzen.

Sie selbst sollten natürlich ebenfalls bei der Sache sein und die Zeit für das anstehende Training mitbringen. Die Lust, die Ruhe und die Energie sollte da sein. Machen Sie sich am besten auch schon im Vorfeld Gedanken, wie das heutige Training aussehen soll und welche Übungen auf dem Plan stehen. Ihre Katzen merken es schnell, wenn Sie selbst müde sind und keine Lust haben oder sogar einen genervten Eindruck machen.

Probleme, die zu vermeiden sind:

- Die Katze zu etwas zwingen
- Laut sein oder schimpfen
- Zu schwere Übungen wählen
- Zeitdruck haben
- Selber aktuell keine Lust haben
- Katze wird unruhig und hampelt
- Katze ist gierig und will nur noch Leckerlies haben
- Falsche Signale oder Kommandos

Besonders wichtige Verhaltensregeln beim Clickern mit Katzen

Natürlich gibt es auch beim Clickertraining mit Katzen unterschiedliche Kriterien, wobei vor allem das eigene Verhalten ausschlaggebend ist. Damit die Zusammenarbeit mit der Katze also funktioniert, ist es wichtig, sich an einige Regeln zu halten. Wir wollen Ihnen im Folgenden einige Verhaltenskriterien näher vorstellen:

Wenig Sprechen

Beim Clickertraining mit der Katze sollten Sie nur so wenig wie möglich sprechen, um Ihre Katze nicht aus dem Konzept zu bringen. Es reichen also für die „Befehle" immer kurze Codewörter, welche im Übrigen auch immer gleich bleiben sollten.

Keine negativen Erlebnisse

Sorgen Sie dafür, dass sich Ihre Katze während des Trainings immer wohl fühlt. Negative Erlebnisse sollten also beim Clickern mit Katzen nicht dazugehören. Das bedeutet auch, dass Sie immer liebevoll mit Ihren Tieren sprechen sollten, das Anbrüllen darf also nicht stattfinden.

Geduld haben

Geduld ist beim Clickern mit Katzen besonders wichtig. Ihre Katze braucht Zeit, um die einzelnen Tricks zu lernen und diese umzusetzen. So klappen die Tricks natürlich auch nicht von Anfang an und manche Katzen brauchen etwas länger als andere. Drängen Sie Ihre Katzen also bitte niemals.

Verständlich üben

Katzen haben eine andere Auffassung als wir Menschen. Die Übungen und Tricks sollten daher besonders einfach dargestellt sein und nicht zu kompliziert. Sie braucht klare und verständlich Anweisungen, sodass es auch sinnvoll ist, etwas schwierigere Übungen in mehrere Schritte aufzuteilen oder etwas komplett wegzulassen, wenn es von der Katze absolut nicht verstanden wird.

Der richtige Zeitpunkt

Für das Training sollte Ihre Katze immer schön ausgeruht sein. Nicht direkt nach der Mahlzeit und auch nicht vor dem Schlafen. So hat Ihre Katze Lust zu arbeiten, kann sich konzentrieren und auch die Leckereien sind natürlich interessanter, wenn auch etwas Hunger da ist. Zu hungrig sollte Ihre Katze natürlich ebenfalls nicht sein.

Regelmäßig trainieren

Das Clickertraining mit der Katze sollte immer regelmäßig erfolgen. Warten Sie also zwischen den Trainingseinheiten nicht zu lange, denn Ihre Katze vergisst ansonsten eventuell bereits erzielte Erfolge und Sie müssen von vorne beginnen, was für beide sehr frustrierend sein kann.

Unser Fazit – Clickertraining mit Katzen wirkt Wunder

Alle Katzenhalter sollten sich Gedanken darüber machen, wie man die eigene Katze am besten vollkommen auslasten könnte. Das Clickertraining ist einer hervorragende Methode dafür und kann echte Wunder vollbringen. Auch wenn die meisten der Meinung sind, dass solche Tricks eher für Hunde bestimmt sind, wird man schnell merken, dass auch Katzen wirklich einiges auf dem Kasten haben.

Zusätzlich ist den Tieren nicht mehr ganz so langweilig und das gemeinsame Spielen miteinander stärkt die Bindung und erschaff wundervolle gemeinsame Momente. Des Weiteren ist das Clickertraining einfach umzusetzen und auch das Zubehör ist für kleines Geld zu haben.

Abschnitt 5: Ihre Katze schützen und Pflegen

Bad und Küche katzensicher machen: Tipps

Wenn eine Katze ins Haus kommt, ist es wichtig, besondere Vorbereitungen zu treffen. Gerade Bad und Küche entpuppen sich leicht als Gefahrenzonen für den Stubentiger – mit ein paar Handgriffen lassen sich jedoch auch diese Orte schnell katzensicher machen.

So wie Bad und Küche kindersicher gemacht werden sollten, wenn sich Nachwuchs anmeldet, ist es ebenfalls wichtig, diese Räume katzensicher zu gestalten, wenn Sie sich eine Samtpfote anschaffen. Dabei sollten Sie nicht nur mögliche Gift- und Schadstoffe aus der Reichweite des Katzenmäulchens entfernen, sondern auch bedenken, dass Ihre Katze an allen möglichen und unmöglichen Stellen von Haus oder Wohnung herumklettern und -springen wird.

Das Bad katzensicher gestalten

Geradezu klassische Gefahrenquellen im Bad sind Waschmaschine und Trockner: Achten Sie, bevor Sie die Geräte anschalten, stets darauf, ob es sich die Katze nicht zwischen den Wäschestücken in der Trommel bequem gemacht hat. Am besten, Sie lassen die Tür zur Trommel immer geschlossen. Wenn Sie Wäscheständer oder Bügelbrett im Bad aufbewahren stellen Sie die Geräte so auf, dass sie nicht plötzlich umfallen und Ihr Haustier verletzen können. Putzmittel und Medikamente sollten Sie stets katzensicher in einem abschließbaren Schrank aufbewahren, damit ihre Katze nicht versehentlich davon nascht und sich womöglich vergiftet.

Sind Sie gerade dabei, sich ein Bad einzulassen, darf die Katze nicht unbeaufsichtigt im Badezimmer spielen – zu groß ist die Gefahr, dass sie beim Balancieren auf dem Wannenrand abrutscht, ins Wasser fällt und aus der glatten Wanne von selbst nicht mehr herauskommt.

Auch der Toilettendeckel sollte immer geschlossen bleiben – gerade wenn Katzen noch klein sind, kann es sonst passieren, dass sie in die Kloschüssel fallen und sogar darin ertrinken.

Gefahren für die Katze in der Küche vermeiden

Gefahrenquelle Nummer eins in der Küche ist der Herd: Am besten lassen Sie Ihre Katze gar nicht in die Küche während Sie kochen – so vermeiden Sie nicht nur an der Herdplatte verbrannte Pfoten, sondern auch Katzenhaare im Essen. Übrigens sollten Sie auch beim Umgang mit dem Toaster Vorsicht walten lassen – langt die Katze hinein, kann es passieren, dass sie mit der Pfote stecken bleibt und sich dabei verbrennt.

Darf man Katzen baden?

Die Frage, ob man Katzen baden darf, bezieht sich vor allem auf den Notfall – normalerweise badet man Katzen nämlich nicht. Zum einen mögen sie kein Wasser, zum anderen kümmern sie sich stets selbst mit größter Sorgfältigkeit um ihre Fellpflege.

Darauf, dass Sie sich selber putzt, ist auch der Stoffwechsel der Katze ausgelegt. Häufige Bäder würden ihr nicht nur unangenehm sein, sondern auch das natürliche Gleichgewicht von Haut und Haar durcheinanderbringen. Dennoch gibt es Notfälle, in denen es unumgänglich ist, eine Katze mit Hilfe von Wasser zu säubern. Aber woran erkennt man einen solchen Notfall eigentlich?

Verschmutztes Fell: Darf man Katzen baden?

Falls das Fell Ihrer Katze so verschmutzt ist, dass sie es beim Putzen nicht mehr sauber bekommt, sollten Sie zunächst versuchen, sie mit einer stressfreieren Variante als dem Baden zur Hilfe zu kommen. Kamm, Bürste, Schere, feuchte Tücher und viel Geduld sind im Zweifelsfall besser als das Vollbad im Wasser.

Anders sieht die Situation aus, wenn Ihr Liebling sich mit einer ungesunden oder giftigen Substanz das Fell verschmutzt hat. Dann sollten Sie nicht lange zögern und alles daran setzen, die Katze schnell aus Ihrer unsäglichen Lage zu befreien, wenn es sein muss auch mit einem Bad, denn das ist schließlich ein Notfall.

Wenn Katzen sich nicht putzen oder Parasiten haben

Weitere Ausnahmefälle sind Vierbeiner, die sich das Fell aus irgendeinem Grund nicht selber pflegen, zum Beispiel, weil sie zu früh von ihrer Mutter getrennt wurden und es nie gelernt haben. Lassen Sie sich in diesem Fall von einem Tiermediziner beraten. Vielleicht kann er mit homöopathischen Mitteln oder ein paar Pflegetipps eine Alternative zum Baden mit Ihnen entwickeln, oder noch besser: Die Ursache für das Problem finden und lösen.

Hat die Katze Flöhe oder andere Parasiten, gibt es auch in diesem Notfall, je nach Alter und Gesundheitszustand der Katze, Alternativen zum Baden, zum Beispiel ein Spot-On-Präparat. Ihr Tierarzt sagt Ihnen, welche Variante sich am Besten für Ihr Haustier eignet.

So baden Sie Katzen im Notfall

Die Wasserscheu, der Eigensinn und die scharfen Krallen einer Katze machen es nicht leicht, sie im Notfall zu baden. Bevor Sie damit anfangen, sollten Sie sich unbedingt eine zweite Person zur Hilfe holen, um die Sache so schnell, stress- und verletzungsfrei wie möglich hinter sich zu bringen.

Wenn Sie Ihre Katze baden möchten, sollten Sie das am besten in der normalen Badewanne tun – noch besser und praktischer wäre eine kleine Plastikwanne (zum Beispiel einen Wäschekorb). Lassen Sie nun, bevor Sie Ihre Katze holen, etwas lauwarmes Wasser hineinlaufen. Fünf bis zehn Zentimeter Wasser reichen absolut.

Katze baden: Je besser die Vorbereitung, desto leichter

Machen Sie es sich so einfach und der Katze so ungefährlich wie möglich: Mit einer rutschfesten Wanneneinlage und ein paar großen Handtüchern auf den Fliesen ihres Badezimmers vermeiden Sie, dass Ihre Katze bei einem möglichen Fluchtversuch mit ihren nassen Pfötchen ausrutscht und sich verletzt oder so erschreckt, dass sich ihre Angst vor Wasser noch vergrößert.

Danach sollten Sie ein bis zwei große Schalen mit warmem Wasser bereitstellen, um die Katze später damit zu waschen. Wenn Sie ein Katzenshampoo benutzen möchten, oder eines von Ihrem Tierarzt bekommen haben, stellen Sie auch dieses bereit und schützen Sie ihre Arme vor möglichen Kratzern oder Bissen mit langen Ärmeln und eventuell Handschuhen, bevor Sie Ihren Stubentiger holen.

So waschen Sie Ihre Katze

Stellen Sie Ihre Katze nun ins Wasser. Während Sie, oder Ihr Helfer, die Katze gut festhalten, wäscht der andere sie sanft, aber zügig ab und redet ihr dabei gut und beruhigend zu. Schäumen Sie Ihr Kätzchen mit streichelnden Bewegungen ein und waschen Sie das Shampoo mit den bereitstehenden Wasserschalen wieder aus, so das keine Rückstände im Fell bleiben.

Passen Sie gut auf, dass Sie dabei die Gesichts- und vor allem die Augenpartie der Katze aussparen. Ist das Gesicht verschmutzt, reinigen Sie es nur mit einem feuchten Waschlappen. Loben Sie Ihren Stubentiger, wenn Sie fertig sind, und trocknen Sie ihn mit ein oder zwei Handtüchern so gut es geht ab. Halten Sie ihrem Haustier einen Platz an der warmen Heizung bereit – rausgehen sollte es erst wieder, wenn sein Fell ganz und gar durchgetrocknet ist.

Langhaarkatzen pflegen: 5 Tipps gegen Knoten im Fell

Dass Katzen eine beachtliche Fellpracht aufweisen können, bewies zuletzt der flauschige Kater Colonel Meow. Als langhaarigster Stubentiger der Welt hielt er Einzug ins Guinness-Buch der Rekorde. Aber nicht nur sein Fell braucht Extrapflege, auch das aller anderen Langhaarkatzen. Hier ein paar Tipps!

Tipp 1: Gewöhnen Sie Ihre Langhaarkatze so früh wie möglich ans Bürsten

Bei einer Langhaarkatze ist es besonders wichtig, dass sie sich gerne, freiwillig und ohne Kampf bürsten lässt. Gewöhnen Sie Ihr Katzenbaby deshalb möglichst früh daran, nehmen Sie eine weiche Bürste und sorgen Sie dafür, dass Ihre Samtpfote keine schlechten Erfahrungen macht. Zwingen Sie sie zu nichts – das Bürsten soll Spaß machen und sich wie eine Streicheleinheit anfühlen.

Tipp 2: Tägliches Bürsten für ein schönes, knotenfreies Fell

Bürsten Sie Ihre Katze immer mit dem Strich. Die Pflegeeinheit sollte weder ziepen noch so lange

dauern, dass Ihr Stubentiger die Geduld

verliert. Öfter und kürzer bürsten ist sinnvoller und perfekt zur Vorbeugung etwaiger Verfilzungen. Wie wäre es zum Beispiel abends gemütlich vor dem Fernseher?

Tipp 3: Spezialfutter für glänzendes Fell und gegen Haarballen

Langhaarkatzen haben besondere Bedürfnisse. Durch einen Mangel an Nährstoffen kann ihr Fell spröde werden und an Glanz verlieren. Außerdem verschlucken sie beim Putzen wesentlich mehr Haar als ihre kurzhaarigen Artgenossen. Spezielle Futtersorten können die Tiere gleichzeitig mit wichtigen Nährstoffen versorgen und die Entstehung von Haarballen vermindern. Als schöner und gesunder Zusatzeffekt wird das Fell auf diese Weise kräftiger und glänzender.

Tipp 4: Informationen über die verschiedenen Langhaarkatzen-Rassen

So verschieden, wie die Langhaarkatzen-Rassen sind, so verschieden können auch ihre Pflegebedürfnisse sein. Perser-, Türkisch-Van- oder Maine-Coon-Katzen haben unterschiedlich langes und dichtes Fell, außerdem unterscheiden sich die Menge und das Verhältnis von Unterfell zum Deckhaar. Wie viel und wie oft gebürstet werden soll, wo die Problemzonen liegen und was Sie noch beachten müssen, können Sie in Büchern über die jeweilige Rasse nachlesen.

Tipp 5: Für den Notfall gerüstet sein

Auch bei noch so guter Pflege kann es passieren, dass sich im Fell Ihrer Langhaarkatze Knoten oder Verfilzungen bilden. Perserkatzen sind hierfür besonders anfällig. Wenn sie als Freigänger gehalten werden, sind kleine Blessuren im Fell fast unvermeidlich. Die passenden Accessoires schaffen schnell Abhilfe. Sie können es mit einem Antiverfilzungsspray versuchen oder eine Schere mit abgerundeten Spitzen zur Hilfe nehmen, um den Haarknoten herauszuschneiden.

So gewöhnen Sie Ihre Katze ans Kämmen und Bürsten

Nicht nur langhaarige Rassekatzen, sondern auch Hauskatzen mit kurzem Fell sollten gelegentlich bei der Fellpflege unterstützt werden. Doch längst nicht jede Samtpfote lässt sich gerne kämmen oder bürsten. Wie Sie Ihre Katze an den Kamm gewöhnen, lesen Sie hier.

Das Fell ihrer Katze braucht hier und da Ihre Unterstützung. Aber was tun, wenn Ihre Fellnase partout keine Lust auf Kamm und Bürste hat? Die folgenden Tipps helfen Ihnen dabei, die Skepsis Ihres Haustiers zu überwinden. Die nötige Geduld müssen Sie zwar ganz allein aufbringen, aber es wird sich mit Sicherheit auszahlen.

Fellpflege ist wichtig: Bürsten unterstützt die Katze

Bei langhaarigen Katzen ist die regelmäßige Fellpflege natürlich besonders wichtig. Das Fell bildet sonst Knoten und fängt an zu verfilzen. Das ist nicht nur aus ästhetischer Sicht zu vermeiden, sondern bereitet der Katze auch Schmerzen. Durch das Bürsten können Stubentiger insbesondere beim jahreszeitbedingten Fellwechsel unterstützt werden. Denn auch bei Kurzhaarkatzen können Fellballen, die bei der täglichen Fellpflege verschluckt werden, den Magen-Darm-Trakt belasten.

Kämmen und Bürsten: So bereiten Sie Ihre Katze vor

Viele Katzen sind skeptisch gegenüber Kämmen oder Bürsten und lassen Herrchen oder Frauchen damit nicht in ihre Nähe. Deshalb eins vorweg: Das A und O beim Gewöhnen an das Gerät sind Geduld und Konsequenz. Überfordern Sie Ihre Samtpfote nicht, lassen Sie ihr genügend Zeit, aber geben Sie auch nicht auf.

Zunächst ist es wichtig, dass Ihre Katze die Bürste oder den Kamm kennenlernt. Lassen Sie das Pflegeutensil in einem Raum auf dem Boden liegen und geben Sie Ihrem Tier die Gelegenheit, sich dem fremdartigen Ding zu nähern. Nehmen Sie es im nächsten Trainingsschritt in die Hand. Wenn Ihr Stubentiger auch dann auf Sie zukommt, belohnen Sie ihn mit einem Leckerli. Jedes Mal können Sie sich mit der Bürste einen Schritt dichter an die Katze wagen.

Nach und nach an die Fellpflege gewöhnen

Für den nächsten Schritt warten Sie einen Moment ab, in dem Ihre Samtpfote wach, aber in Kuschellaune ist. Streicheln Sie sie und versuchen Sie zwischendurch, immer mal wieder einen Strich mit der Bürste zu machen. Bleibt die Katze ruhig, belohnen Sie sie. Lassen Sie immer mehr bürstende Bewegungen mit einfließen.

So wird die Angst vor der Prozedur bei Ihrer Fellnase fortschreitend verschwinden – das Tier wird das Ganze bald sogar genießen.

Fellwechsel bei Katze und Hund: Tierhaare entfernen

Wenn der Frühling vor der Tür steht, hat dieser immer auch Katzen- oder Hundehaare im Gepäck, sodass es täglich heißt: Tierhaare entfernen! Der Fellwechsel ist oftmals eine haarige Angelegenheit für Kleidung, Sofa und Boden. Mit diesen nützlichen Tipps werden Sie Hunde- und Katzenhaare am besten wieder los.

Es gibt mehrere Methoden, mit denen Sie Ihre Vierbeiner von den losen Haaren befreien und den Fellwechsel bei Katze und Hund unterstützen können. Welche für Sie und Ihre Fellnasen die richtige ist, können Sie am besten herausfinden, indem Sie ein wenig ausprobieren.

1. Bürsten und Kämmen beim Fellwechsel

Um wenigstens etwas Kontrolle über die Haarbüschel und Fellknäuel zu bekommen, empfiehlt es sich während des Fellwechsels, Hund und Katze täglich zu bürsten oder zu kämmen. Dadurch wird die Durchblutung angeregt und abgestorbene Haare können ohne den Umweg über Kleidung und Möbel entfernt werden. Wenn Sie Tierhaare entfernen, kann dies so auch zu einer angenehmen Massagesitzung für Ihr Haustier werden. Ein Tipp: Immer in Wuchsrichtung des Fells arbeiten!

2. Tierhaare entfernen mit Gummihandschuh

Das Entfernen von Tierhaaren kann durch den Einsatz von Gummihandschuhen zu einer elektrisierenden Angelegenheit werden. Ist die Gummioberfläche leicht angefeuchtet, können Sie mit diesen über ihre Möbel fahren und so dank der elektrischen Ladung Haare ganz einfach aufnehmen.

3. Fusselroller und Klebeband

Der gute alte Fusselroller kann in Hinblick auf Textilien Wunder wirken. Falls dieser beim Fellwechsel mal nicht ausreichen sollte, gehört Klebeband zu den Geheimtipps: Drücken Sie es einfach auf die behaarten Kleidungsstellen und ziehen Sie es mitsamt den Haaren ab.

4. Der Wäschetrockner-Tipp

Es geht auch noch einfacher, wenn Sie Tierhaare entfernen wollen: Viele Hunde- und Katzenbesitzer schwören auf den Wäschetrockner-Trick. Die trockene und "behaarte"Kleidung einfach in den Trockner werfen, ein kurzes Programm einschalten und das Ergebnis im Flusensieb betrachten. Sie werden sich wundern, wie viele Haare dort landen.

5. Fellwechel mit der richtigen Ernährung unterstützen

Damit Ihre Katze oder Ihr Hund gar nicht erst so stark beim Fellwechsel unterstützt werden muss, sollten Sie generell in dieser Zeit auf das richtige Futter achten. Während des Fellwechsels ist Ihr Haustier auf eine ganze Reihe von Vitaminen und Mineralstoffen angewiesen, die für das Haarwachstum wichtig sind, darunter etwa Vitamin E, B-Vitamine, Biotin, Kupfer, Jod und Zink. Sollten Sie sehen, dass Ihre Katze oder Ihr Hund Probleme mit dem Fell hat, stellen Sie auf Haut- und Fellfutter um. Informieren Sie sich bei Ihrem Tierarzt und im Fachhandel über die richtigen Produkte für Ihre tierischen Partner.

Kahle Stellen im Fell bei Katzen: Ursachen

Ein gewisses Maß an Haarausfall ist bei Katzen völlig normal – übermäßiger Haarverlust, der für kahle Stellen im Fell sorgt, allerdings nicht. Die Ursachen für FSA, die sogenannte Feline Selbstinduzierte Alopezie, können körperlicher oder psychischer Natur sein und sollten dringend abgeklärt werden.

Kahle Stellen im Fell entstehen, wenn Katzen sich übermäßig viel putzen und sich das Fell zu stark lecken. Die Katzenzunge verfügt über harte Papillen, mit denen die Miez ihre Haare gewissermaßen herausreißt. Man spricht heute vom Krankheitsbild der "Felinen Selbsinduzierten Alopezie" – FSA lässt sich bei Katzen jeder Rasse und jeden Geschlechts beobachten, in der Regel ab einem Alter von mindestens einem Jahr. Oft "epilieren" sich die Fellnasen heimlich und der Tierbesitzer bekommt gar nichts davon mit, sodass sich erst beim Entdecken der ersten kahlen Stellen die Frage stellt, was mit der Katze nicht stimmt.

Parasiten sind häufigste Ursache für kahle Stellen im Fell

Ein Flohbefall, der zu Juckreiz führt, ist schnell diagnostiziert und kann behandelt werden. Allerdings gibt es auch eine Menge anderer Parasiten, die nicht so leicht zu finden sind und für Kribbeln im Katzenfell sorgen. Da Parasiten zu den häufigsten Ursachen für das Entstehen kahler Stellen gehören, sollte die Katze zunächst gründlich tierärztlich darauf untersucht werden.

Weitere mögliche Ursachen: Allergien und Krankheiten

Fast genauso oft sind Allergien die Ursache für Juckreiz bei der Katze. Staub, Milben, Pollen, Reinigungsmittel im Haus oder eine Futterallergie können Juckreiz auslösen und sollten durch Allergietests als Ursachen ausgeschlossen werden. Gerade wenn die Katze alt ist, kann das ständige Putzen auch auf hormonelle Störungen wie eine Schilddrüsenüberfunktion hindeuten. Wenn weitere Krankheitssymptome bei der Katze auftreten, sollte sie auch auf organische Ursachen untersucht werden.

Psychische Ursachen für kahle Stellen im Fell?

Ob ständiges Putzen von psychischen Faktoren bedingt sein kann, ist bisher noch nicht eindeutig bewiesen. Wenn Sie und Ihr Tierarzt vermuten, dass Stress, ein Umzug, ein neues Familienmitglied oder ein Verlust die Ursache für das Verhalten Ihres Haustiers sein könnten, sollten Sie dennoch versuchen, eine Lösung für das Problem zu finden, und ausprobieren, ob sich die Symptome dadurch verbessern. Dabei können Bachblüten, homöopathische Mittel und Duftstoffe wie Feliway in Absprache mit dem Tierarzt unterstützend wirken.

Katzen im Frühling: Tipps zur Fellpflege und gegen Würmer

Hurra! Bald ist der Winter vorbei und es ist endlich wieder Frühling! Für Ihre Katzen bedeutet der Jahreszeitenwechsel eine Umstellung. Wir haben vom Katzenfutter-Hersteller "Terra Faelis" und seiner Tierärztin Hanna Stephan tolle Tipps bekommen, wie Sie Ihrer Fellnase im Frühjahr Gutes tun können. Im ersten Teil unseres Doppelratgebers erfahren Sie, was es bei der Fellpflege zu beachten gibt und wie Sie Ihre Katze im Frühling vor Würmern schützen.

Im Frühling zieht es Freigänger wieder vermehrt nach draußen, der dichte Winterpelz weicht dem leichten Sommerfell und die Gefahr für Parasiten steigt wieder. Was das für Sie und Ihre Fellnase bedeutet, verraten Ihnen die folgenden Tipps von der "Terra Faelis"-Tierärztin Hanna Stephan.

Fellwechsel im Frühling unterstützen

Im Frühling brauchen Katzen den kuscheligen Winterplüsch nicht mehr. Beim Fellwechsel auf das luftige Sommerkleid verlieren die Samtpfoten ziemlich viele Haare und können dabei Ihre Hilfe gut gebrauchen. Bürsten Sie Ihre Fellnase im Frühling daher am besten täglich durch.

"Wichtig ist es, eine gute, intakte Bürste zu verwenden und immer in Fellrichtung zu bürsten. Gegen besonders hartnäckige Unterwolle helfen spezielle Katzenbürsten, die diese sanft auskämmen."

Wenn Sie Ihre Katze beim Fellwechsel unterstützen, geht es nicht nur darum, dass nicht so viele Katzenhaare in der Wohnung verteilt werden. Die Hilfe ist vor allem für die Katzengesundheit wichtig, da sich sonst Haarknäuel im Magen oder Darm festsetzen und im Extremfall zu einem gefährlichen Darmverschluss führen können. Die Tierärztin erklärt: "Durch den Fellwechsel und ein intensiveres Putzen in Eigenregie mit der Zunge verschlucken unsere Samtpfoten vermehrt Fell, wodurch sich gefährliche Haarballen im Verdauungstrakt bilden." Sie empfiehlt: "Bei Verdacht ist das Verabreichen von Malzpaste eine gute Abhilfe und Vorbeugemaßnahme gegen die gefährliche Fellansammlung im Katzenmagen."

Vorsicht vor Würmern!

Vor allem Freigänger laufen im Frühling wieder vermehrt Gefahr, sich Parasiten wie Zecken oder Würmer einzufangen. Würmer können zum Beispiel übertragen werden, wenn Katzen eine befallene Maus fressen. Auch Flöhe kommen als Ursache für Würmer in Betracht. Freigänger brauchen im Durchschnitt etwa viermal im Jahr eine Wurmkur, bei Wohnungskatzen ist dies seltener der Fall, doch auch sie können sich anstecken.

Würmer können Sie zum Beispiel im Katzenkot sehen oder Ihre Katze beim Tierarzt auf Wurmbefall testen lassen. Ohnehin ist es ratsam, im Zweifelsfall lieber einen Tierarzt aufzusuchen. Hanna Stephan warnt: "Entwurmungspräparate sollten immer nach Absprache mit und beim Tierarzt erworben werden. Denn nicht jede Wurmart reagiert auf das gleiche Mittel. Viele Medikamente aus dem Internet oder dem freien Handel sind nicht wirksam und sollten deswegen besser weder gekauft noch angewendet werden."

Abschnitt 6: Gesunde Katzenernährung

Wer in seinen eigenen vier Wänden einem kleinen Kätzchen ein neues Zuhause bietet, startet in eine ereignisreiche Zeit. Das junge Tier wird viel Kraft investieren, um seine neue Lebensumgebung zu erforschen.

Bei diesen Erkundungstouren ist der Stubentiger dauernd in Bewegung, was für einen sehr hohen Energieverbrauch sorgt. Dies wiederum führt zu einem riesen Hunger, der gestillt werden will.

Damit das Kätzchen neue Kraft für seine Unternehmungen tanken kann und ein natürliches Wachstum gewährleistet ist, ist die Wahl des Katzenfutters für das Kitten von entscheidender Bedeutung.

Ist spezielles Katzenfutter für kleine Katzen notwendig?

Da die ersten Monate des Kätzchens an erster Stelle aus erforschen und wachsen bestehen, spielt die richtige Ernährung eine große Rolle. Der Organismus des kleinen Tiers leistet schwere Arbeit was dazu führt, dass innerhalb kürzester Zeit aus dem kleinen Kitten ein energiegeladenes, ausgewachsenes Tier wird.

Dazu entwickelt sich der Körper und das Körpergewicht erhöht sich um ein Vielfaches.

Das Skelett des Kätzchens wird mineralisiert und die Muskulatur bildet sich langsam aus.

Diese Entwicklung wird durch korrektes Futter unterstützt, welches aus den notwendigen Bestandteilen in einer an die Lebensphase angepassten Menge besteht.

Der junge Stubentiger hat einen so hohen Energiebedarf, dass er ungefähr dem Doppelten einer ausgewachsenen Katze entspricht.

Dementsprechend hat das Katzenfutter für Kitten auch wesentlich höhere Nährwerte als Erwachsenenfutter.

Dies ist auch der Tatsache geschuldet, dass der Magen einer Jungkatze nicht in der Lage ist Portionen für Erwachsene zu verarbeiten, da er schlichtweg noch zu klein dafür ist. Im Gegensatz zu erwachsenen Katzen benötigt das Tier viele kleine Portionen, die über den ganzen Tag verteilt verfüttert werden.

Viele Besitzer von kleinen Kätzchen stellen sich am Anfang häufig die Frage, ob sie ihrem neuen Haustier lieber Feuchtfutter oder Trockennahrung geben sollen. Allgemein lässt sich feststellen, dass sich hochwertiges Nassfutter in der Qualität nicht von hochwertiger Trockennahrung unterscheidet. Die einzigen Unterschiede lassen sich lediglich in der Handhabung des Essens und der zu fütternden Menge verzeichnen:

Trockenfutter liefert mehr Energie als Feuchtnahrung. Aufgrund dessen benötigen Kätzchen mehr Portionen Feuchtnahrung, um ihren Tagesbedarf abzudecken als dies bei Trockenfutter der Fall ist.

Da Trockennahrung einen niedrigeren Wasseranteil hat, benötigen Kätzchen mehr reguläres Trinkwasser.

Durch den geringen Wasseranteil des Trockenfutters verdirbt dieses langsamer und ist auch in größeren Mengen erhältlich, während Feuchtnahrung normalerweise in kleiner Verpackungen oder Dosen erhältlich ist.

Entscheidend für die Futterwahl ist aber selbstverständlich auch die Vorliebe der Katze selber. In den ersten Monaten wird dazu geraten beide Arten anzubieten, da so eine perfekte Energie und Nährstoffzufuhr und gleichzeitig eine optimale Entwicklung des Kiefers gewährleistet werden kann.

Inhaltlich sollte das hochwertige Kittenfutter hochverdauliche Eiweiße enthalten. Dieses hochverdauliche Futter ist äußerst gut für den schnellen Stoffwechsel des jungen Tiers und ermöglicht es diesem, die maximale Menge an Aminosäuren aufzunehmen.

Weil immer nur eine kleine Portion auf einmal gegessen werden kann, das Kätzchen aber sehr viel Energie benötigt, ist es sehr wichtig auf einen hohen Energiegehalt des Futters zu achten. Das Futter und Trinkwasser sollten zu jeder Zeit für das Katzenbaby zugänglich sein.

Es ist besonders wichtig beim Kauf von Junior Katzenfutter für junge Katzen auf die Inhaltsstoffe zu achten. Oft muss man dafür genau auf das Kleingedruckte achten, da die wichtigen Stoffe häufig nicht leicht zu erkennen sind.

Hochwertige Produkte enthalten viele tierische Proteine, die der Lebensmittelqualität entsprechen. Eine aus Kostengründen häufig verwendete minderwertigere Alternative ist beispielsweise eine pflanzliche Ersatzeiweißquelle wie Soja oder Getreide.

Außerdem sollte in den Produkten komplett auf Farb- Konservierungs- und Aromastoffe verzichtet werden. Ganz besonders die Verwendung von künstlichen Aromastoffen weist auf eine minderwertige Katzennahrung für Kitten hin.

Diese werden hauptsächlich verwendet, um die qualitativ schlechteren Inhaltsstoffe zu überdecken. Auch Zucker sollte in keinem Futter für Katzenbabys enthalten sein. Dieses Mittel zum Süßen des Produkts erhöht den Appetit des jungen Tieres und steigert seine Lust auf Futter, was dringendst zu vermeiden ist. Schmecken können Katzen den Zucker allerdings nicht.

Bei den Inhaltsstoffen eines hochwertigen Nassfutters für junge Katzen ist folgendes zu beachten (gilt auch für Trockenfutter):

1. Hochwertiges tierisches Eiweiß und Fettsäuren als Hauptnährstoffe (Omega 3- und 6)

2. Keine minderwertigen Eiweißersatze aus Quellen wie Soja

3. Spuren- und Mengenelemente (beispielsweise Magnesium, Selenium)

4. Aminosäuren (beispielsweise Arginin, Taurin)

5. Vitamine

6. Keine Zutaten, die gentechnisch verändert wurden

7. Kein Zucker

8. Kein Getreide

9. Hoher Fleischanteil

Neben Zucker, sollte auch kein Getreide in der Nahrung vorhanden sein. Erwachsene Katzen und junge Kitten benötigen kaum Kohlenhydrate für eine gerechte Ernährung.

Dennoch können Kohlenhydrate in der Ernährung der Junior Katze sinnvoll sein, da sie auch wichtige Nähstoffe liefern. Allerdings sollte beim Futter darauf geachtet werden, dass kein Getreide, sondern sinnvolle Alternativen wie Kartoffeln als Kohlehydratspender verwendet werden.

Ein hoher Fleischanteil im Katzenfutter ist sehr zu empfehlen. Wird viel Fleisch verwendet, ist auch der Anteil an natürlichen Proteinen hoch, die wiederum für das Wachstum der Muskeln und der Körperzellen verantwortlich sind. Ohnehin sind Katzen von Natur aus Fleischfresser.

Zusätzlich zu den Proteinen werden die Tiere auf diesem Weg auch mit allen nötigen Aminosäuren versorgt. Katzen benötigen besonders dringend die Aminosäure Taurin, da diese an allen wichtigen Stoffwechselprozessen beteiligt ist.

Sie müssen Taurin mit dem Futter aufnehmen, da die Tiere nicht in der Lage sind mehr als geringe Mengen selber zu produzieren. Als gute fleischliche Bestandteile gelten Hirsch, Ente, Geflügel oder Rind.

Abzuraten ist lediglich von Schweinefleisch, da dieses insbesondere roh Krankheiten übertragen kann, welche für Katzen tödlich enden können. Außerdem ist dieses Fleisch in der Regel auch sehr fett.

Es gibt einige Hersteller von speziellem Junior Kittenfutter. Bei Kitten Nassfutter besitzt die Firma Animonda eine sehr große Auswahl an gutem Futter für junge Katzen. Es stehen Kombinationen wie Rind, Huhn und Kaninchen oder Rind, Kalb und Huhn sowie gemischte Packungen zur Verfügung.

Bei hochwertigem Trockenfutter für Kitten bietet die Firma Royal Canin sowie SALiNGO einige Produkte an, die auch in Packungen mit einer Größe von 4 Kilo zu erwerben sind. Dieses Trockenfutter ist optimal an die Größe des Kiefers der jungen Katze angepasst. Ebenfalls als sehr hochwertig gilt das Anifit Katzenfutter aus Schweden.

Selbstverständlich ist auch möglich, das beste Kittenfutter selber zuzubereiten. Solange man sich an gewisse Regeln hält, ist dies eine sehr schöne und persönliche Art sich um das Wohlergehen seines Haustiers zu kümmern.

Hierbei sollte frisches und qualitativ hochwertiges Fleisch die Basis bilden.

Von Schenkel bis Puten- Rinder- oder Hühnerherz kann alles für das Futter der kleinen Katze verarbeitet werden.

Das selbst zubereitet Futter kann auch mit Kartoffeln oder etwas Reis angereichert werden.

Zusätzlich eignen sich Paprika, Möhren oder auch Spinat zum verfeinern des Essens.

Ferner liefern Quark, Joghurt oder Eier weiteres Eiweiß.

Auf gewürztes oder gesalzenes Fleisch sollte im Allgemeinen bei Kitten und auch älteren Katzen verzichtet werden, ebenso auf geräucherten Fisch oder Fleisch. Kuhmilch und Hülsenfrüchte können Verdauungsprobleme hervorrufen und Zwiebeln können für Katzen giftige Stoffe enthalten.

Abschnitt 7: Katzengesundheit

Katzenkrankenversicherung

Wir alle mögen das Schnurren einer Katze und sind immer wieder fasziniert, wie ausdauernd diese Tiere um Streicheleinheiten betteln können, nur um im nächsten Moment ihre Krallen zu zeigen. Kurz, eine Katze sorgt in jedem Haushalt für Bewegung. Kein Wunder, dass Katzen im Alten Ägypten als Götter verehrt wurden. Krankheiten machen aber leider auch vor ihnen nicht halt, weshalb für Katzenbesitzer ein Besuch beim Tierarzt nichts Ungewöhnliches mehr ist.

Tragisch wird es dann, wenn die Diagnose eine teure Behandlung nach sich zieht. In diesen Momenten spielen sich in den Behandlungs- und Wartezimmern herzzerreißende Szenen ab, denn nicht jeder Katzenliebhaber kann sich eine entsprechende Therapie samt Operation leisten.

Um Situationen aus dem Weg zu gehen, in denen man sich zwischen Haushaltskasse und geliebtem Haustier entscheiden muss, empfehlen Versicherungsberater immer wieder den Abschluss einer Krankenversicherung für Katzen.

Und wer einen Blick auf die letzten Tierarztrechnungen wirft, wird diesen Hinweis auch zu schätzen wissen. Was leistet aber eine Katzenkrankenversicherung? Diese Frage ist natürlich berechtigt und lässt sich nur anhand der Versicherungsbedingungen beantworten. Deshalb müsste es viel eher heißen, was muss eine Krankenversicherung leisten.

1. An erster Stelle steht natürlich der Schutz bei Operationen. Letztere sind nicht nur beim Menschen unangenehm und teuer, auch Katzen dürften davon wenig begeistert sein. Eine gute Versicherung sollte im Fall eines Eingriffs die Kosten tragen und das ohne Deckelung ab einer Höchstgrenze.

2. In den meisten Fällen wird aber eine Selbstbeteiligung fällig, deren Höhe sich am Alter des Tieres orientiert.

3. Und was ist mit der normalen Behandlung? Auch an dieser Stelle übernehmen die Versicherer Leistungen in Form der entstandenen Kosten, allerdings nur in einem vorher festgelegten Umfang. Alles darüber hinaus müssen die Halter aus ihrem eigenen Portemonnaie tragen.

4. Bleiben nur noch die Vorsorgeuntersuchungen. Schließlich muss auch eine Katze hin und wieder geimpft werden oder eine Wurmkur über sich ergehen lassen.

Es gibt mittlerweile sehr viele Anbieter von speziellen Op Versicherungen für Katzen. Um nicht auf schlechte Leistungen hereinzufallen, sollte man die angebotenen Punkte genau studieren. Zudem lohnt sich ein Vergleich im Internet auf den gängigen Portalen.

Auch sollten Versicherungssumme und die versicherten Fälle den eigenen Wünschen entsprechen. So bleibt die böse Überraschung später aus. Eine Katzenkrankenversicherung kann aber eine durchaus sinnvolle Investition sein, um höhere Kosten infolge einer Operation zu vermeiden.

Katzen Körperbau

Der Körperbau von Katzen ist ideal an ihr Leben angepasst. Zu den anatomischen Besonderheiten, die diese Tiere zu den perfekten Jägern machen, die sie sind, gehören ihre leistungsstarken Augen und Ohren, ihr flexibler Stützapparat, die ausgeprägte Muskulatur, die besonderen Krallen und Zähne sowie der Schwanz, welcher zur Gewährung der Balance beiträgt.

Katzen verfügen über eine Reihe von anatomischen Besonderheiten, die ihnen erst ihr ereignisreiches Leben, das zu einem wesentlichen Bestandteil von der Jagd geprägt ist, ermöglichen. Dazu zählen in erster Linie der flexible Stützapparat, die einfahrbaren Krallen, ihr Schwanz sowie ihre ausgeprägte Muskulatur. Es folgt die Beschreibung der Skizze zur Katzen Anatomie.

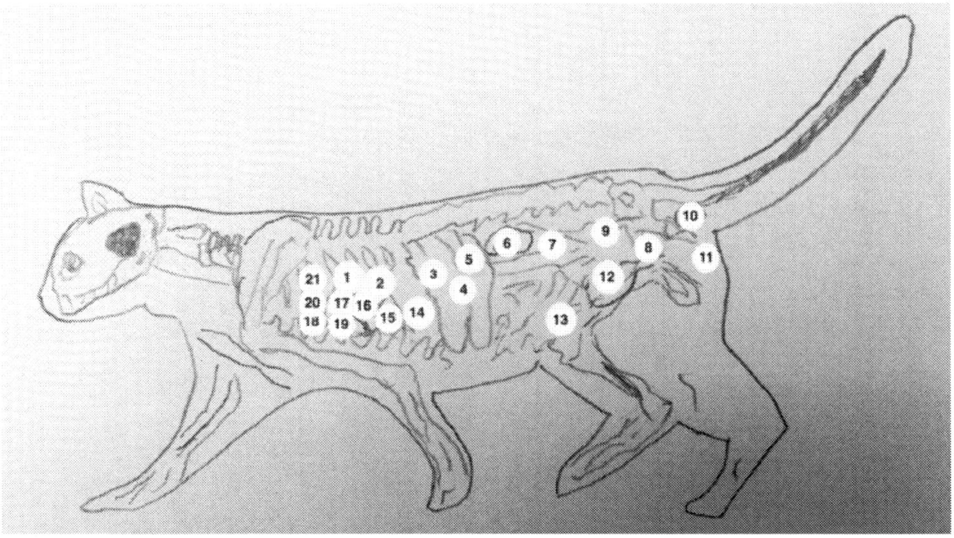

1. Große Körperschlagader
2. Speiseröhre
3. Magen
4. Magen-Milz-Band
5. Milz
6. Linke Niere
7. Linker Eierstock
8. Gebärmutter
9. Dickdarm
10. Mastdarm
11. Scheide
12. Harnblase
13. Dünndarm

14. Lateraler linker Leberlappen
15. Medialer linker Lederlappen
16. Akzessorischer Lappen der rechten Lunge
17. Linker Vorhof
18. Rechter Vorhof
19. Herz
20. Lungenarterienstamm
21. Arterieller Kopf-Armstamm

Der flexible Stützapparat ermöglicht es, beim Aufsetzen nach Sprüngen – auch von hohen Ausgangspunkten aus – die Wucht des Sprunges abzufedern. Auch die ausgeprägte Muskulatur der Katzen leistet ihren Beitrag dazu, dass hohe Sprünge und das Klettern zum Beispiel auf Bäume erst möglich werden.

Schnelle Reaktionen wie etwa ein Zuschlagen mit der Pfote werden ebenfalls optimal durch den Muskelapparat unterstützt. Besonders ausgeprägt ist die Muskulatur an den Hinterbeinen und am Rücken. Die Katze ist hiermit perfekt für die Jagd ausgestattet.

Will man den Sinn der einziehbaren Krallen begreifen, muss man sich den Aufbau der gesamten Pfote einer Katze anschauen: Diese ist an Ballen und an Zehen extrem weich gepolstert. Würde die Katze ihre Krallen nicht einziehen können, würde diese Polsterung gar keinen Sinn machen: Die Krallen würden ein leisen Anschleichen verhindern und somit jeden Beuteerfolg verhindern. Auch würden sich die Krallen zu schnell abnutzen, wären sie beim Laufen ständig ausgefahren.

Der Schwanz einer Katze ist eine weitere Besonderheit, er erfüllt gleich zwei wesentliche Aufgaben. Zum einen ist er wichtig, damit die Tiere beim Balancieren und Klettern das Gleichgewicht halten können.

Zum anderen ist er ein wichtiges Verständigungsmittel für die Katzen: Je nachdem wie er gehalten und bewegt wird, kann die Katze bestimmte Mitteilungen an Artgenossen aber auch an den Halter weitergeben. Ein wild peitschender Schwanz signalisiert dabei nicht wie bei einem Hund freudige Erregtheit, sondern eher Aggression und Jagdtrieb.

Bekannt ist, dass Katzen im Vergleich recht wenig Blut besitzen. Insgesamt fließt knapp ein Viertelliter durch ihren Körper. Das Kreislaufsystem nutzt die Funktion des Herzens als Pumpe. Die Formung des Herzens ist dabei ähnlich wie die der Menschlichen Kardia. Der Unterschied: Das Herz der Katze pumpt etwa doppelt so schnell, wie das des Menschen – rund 120 Mal in der Minute. Durchschnittlich benötigt das Katzenblut deshalb 11 Sekunden, um durch den Körper einmal zu fließen.

Das Kreislaufsystem insgesamt funktioniert ebenfalls fast so wie beim Menschen. Arterien sorgen dafür, dass sauerstoffreiches Blut aus dem Herzen in die Peripherie gepumpt wird. Zurück in die Lunge fließt es dann durch die Venen. Dort gibt es Stickstoff ab und nimmt nochmals Sauerstoff auf. Zwischen 30 und 50 mal atmet die Katze zudem pro Minute.

Katzen verfügen über einen ausgesprochen guten Tastsinn. Die Sinnesorgane der Katze sind perfekt an die äußeren Bedingungen angepasst. Mittels der Schnurrhaare können Katzen die Breitenverhältnisse um sich herum besser abschätzen. Gerade auch zur Orientierung in der Dunkelheit sind sie eine gute Hilfe. Tasthaare finden sich sogar an den vorderen Beinen der Katze. Vibrationen und die Richtung, aus der die Vibrationen kommen richtig zuzuordnen kann dann für eine bessere Orientierung sorgen.

Auch die Augen und das Gehör sind bei der Katze besonders. Die Pupillen weiten sich bei Dunkelheit – so wird jedes noch so kleine Licht genutzt. Bei Dunkelheit können Katzen deshalb sehr gut sehen.

Die Multifokallinsen sorgen für schärferes Sehen bei geöffneter Pupille.

Die Augäpfel bewegen die Tiere jedoch kaum. Sie erkennen zudem nur die Farben Gelb, Grün und Blau, da sie weniger Zapfen auf der Netzhaut besitzen. Außerdem hören Katzen besser als die meisten Säugetiere – gerade im hohen Frequenzbereich. Katzen können bis 80 Kilohertz hören, der Mensch nur bis circa 20 Kilohertz.

In den folgenden Menüpunkten können Sie alles Wissenswerte über diese anatomischen Besonderheiten der Katzen erfahren. Schließlich stellen sich hier eine Reihe von Fragen wie etwa: Wozu dienen die Schnurrhaare einer Katze? Wieso kann sie so hoch springen?

Die kräftigen Kiefermuskeln und die scharfen spitzen Zähne lassen leicht erkennen, dass es sich auch bei der Hauskatze um ein echtes Raubtier handelt. Die Reißzähne übernehmen beim Erlegen und Zerreißen der Beute die wichtigste Rolle. Sie können Fleisch, Sehnen und Knochen zertrennen.

Katzenmütter verwenden die Reißzähne aber auch dazu, ihre Jungen per Nackenbiss wegzutragen. Die Jungen fallen dabei in eine Starre und erleiden keine Schmerzen, da sie am Nacken eine Hautfalte haben, die diesen zunächst ruppig wirkenden Umgang ermöglicht.

Die Schneidezähne einer Katze sind extrem klein.

Sie finden ihren Einsatz beim Abnagen von Knochen eines Beutetiers oder aber, ähnlich wie die kleinen Eckzähne, bei der Fellpflege.

Die Backenzähne wiederum dienen dem groben Zermalmen der aufgenommenen Nahrung, wobei eine Katze nicht wirklich kaut, sondern vielmehr Nahrung lediglich grob zerkleinert und dann schluckt.

Insgesamt wird beim Anblick und der Analyse eines Katzengebisses deutlich, dass diese Tiere vorrangig auf den Verzehr von Fleisch ausgerichtet sind. Die Zunge einer Katze weist ebenfalls einige Besonderheiten auf. Wer schon einmal eine Katze seine Hand hat ablecken lassen, wird sofort bemerkt haben, dass die Zunge extrem rau ist.

Papillen und der Magen

Für diesen Eindruck sind die sogenannten Papillen, die zum Teil dornenbesetzt sind und sich auf der Oberfläche der Zunge befinden, verantwortlich. Die dornenbesetzte Papillen erfüllen zwei Funktionen: Zum einen verfangen sich durch die Fellpflege aufgenommene Haare in ihnen, zum anderen dienen sie beim Trinken der Weiterleitung der Flüssigkeit.

Ist die Nahrung im Magen der Katze angekommen, wird sie von der Magensäure zersetzt. Die Magensäfte sind dabei hochkonzentriert, da ja in erster Linie Fleisch und davon zusätzlich auch noch größere Brocken verdaut werden müssen.

Sinnesleistungen der Katze

Der Gehörsinn einer Katze ist um ein vielfaches ausgeprägter als der eines Menschen. Selbst Hunde können von Katzen, was das Hören anbelangt, bei weitem übertroffen werden.

Die Sinne der Katze

Schon allein die schalltrichterförmigen Ohren der Katze tragen dazu bei: Sie können durch viele kleine Muskeln genau in die Stellung gebracht werden, die für ein besseres Hören notwendig ist. Entscheidend ist aber, dass Katzen viel höhere Frequenzen als Menschen und Hunde hören und orten können.

Dieses ist nicht zuletzt bei der Jagd auf das Hauptbeutetier – die Maus – von hoher Bedeutung. Eine Katze steht dabei immer in Hab-Acht-Stellung: Sogar beim Dösen reagiert sie mit Ohrenbewegungen direkt auf kleine Geräusche, die entweder besorgniserregend sind oder auf Beute schließen lassen. Eine regelmäßige Ohrreinigung ist bei der Katze Pflicht, um die Gesundheit beizubehalten.

Was Katzen für viele Tierliebhaber so attraktiv macht, sind die großen Augen dieser Tiere. Sie haben aber nicht nur eine besondere Ausstrahlung, sondern sind auch hochentwickelt und perfekt auf das Leben einer Katze zugeschnitten.

Dabei ist wohl der entscheidende Punkt, dass die Augen einer Katze ermöglichen, fast genau so gut in der Dunkelheit zu sehen wie bei Helligkeit. Die Pupillen können sich bei Dunkelheit so stark weiten, dass auch das letzte bisschen Licht genutzt werden kann.

Welche Farben sehen Katzen?

Zudem wurde durch wissenschaftliche Tests erwiesen, dass Katzen eine bestimmte Anzahl von Farben sehen und unterscheiden können. Zu diesen Farben gehören Blau, Gelb und Grün. Orange- und Rottöne werden hingegen nur als gräulich wahrgenommen.

In puncto Farbensehen ist der Mensch also ausnahmsweise einmal im Vorteil. Das vorhandene Farbsehen reicht allerdings völlig aus, um in der angestammten Umgebung problemlos zu überleben.

Etwas ganz besonderes im Bereich der Sinnesleistungen stellt der Tastsinn der Katzen dar. Hier sind die Schnurrhaare besonders wichtig: Sie ergänzen zum einen die guten Augen bei der Orientierung in der Dunkelheit, zum anderen werden sie von der Katze auch bei Helligkeit zur Einschätzung von Abständen benötigt.

So kann eine Katze zum Beispiel durch die Schnurrhaare einschätzen, ob sie sich zwischen zwei Gegenständen hindurch schlängeln kann. Aber nicht nur die Schnurrhaare sind Bestandteil des hoch entwickelten Tastsinns der Katze. Hinzu kommen Tastrezeptoren am ganzen Körper der Katze. So können zum Beispiel die sensiblen Pfoten schon kleinste Erschütterungen wahrnehmen und deren Richtung orten.

Katzen und Schwangere

Immer wieder hört man leider von Familien, die Nachwuchs erwarten und daraufhin ihre Katze mit der Begründung abgeben, dass diese ein Gesundheitsrisiko für schwangere Frauen und die ungeborenen Babys darstellen. Hintergrund für solche Befürchtungen bildet die Infektionskrankheit Toxoplasmose, die von Katzen auf den Menschen übertragbar ist.

Immer wieder hört man leider von Familien, die Nachwuchs erwarten und daraufhin ihre Katze mit der Begründung abgeben, dass diese ein Gesundheitsrisiko für schwangere Frauen und die ungeborenen Babys darstellen. Hintergrund für solche Befürchtungen bildet die Infektionskrankheit Toxoplasmose, die von Katzen auf den Menschen übertragbar ist.

Findet während der Schwangerschaft eine Erstinfektion mit dieser Krankheit statt, kann dieses zu Schäden an dem noch nicht vollständig entwickelten Embryo führen. Dieses ist natürlich eine erschreckende Vorstellung, man sollte sich aber zunächst umfassend mit der Thematik auseinander setzten, bevor man in Hysterie verfällt.

Wie gerade schon erwähnt besteht das Risiko nur im Falle einer Erstinfektion. Toxoplasmose kann auch – und das ist der Hauptinfektionsherd – durch den Verzehr von rohem oder nicht ausreichend erhitzten Fleisch erworben werden. Die Infektion sowie die Erkrankung verläuft zumeist vom Menschen unbemerkt und hat auch keine gesundheitlichen Folgen.

So kann es dementsprechend sein, dass Frauen, die eine Schwangerschaft planen, bereits einmal an Toxoplasmose erkrankt waren, ohne dieses bemerkt zu haben. Um dieses herauszufinden, kann man einen Bluttest durchführen lassen. Zeigt dieser bereits an, das schon einmal eine Infektion vorlag, besteht keine Gefahr, dass eine Ansteckung ausgehend von einer Katze das ungeborene Baby im Mutterleib schädigen kann.

Lag bisher keine Infektion vor, kann und muss man allerdings Vorsichtsmaßnahmen einleiten. Dazu gehört die tägliche Reinigung des Katzenklos, da sich Toxoplasmen über den Kot und den Urin der Tiere verbreiten. Dieses sollte möglichst nicht von der Schwangeren selbst, sondern von einer anderen Person erledigt werden.

Ist dieses nicht möglich, sollte die Schwangere Handschuhe bei der Reinigung tragen.

Da sich die Toxoplasmen allerdings erst nach zwei Tagen in der Katzentoilette entwickeln, ist bereits mit dieser täglichen Reinigung das größte Risikopotenzial ausgeschaltet.

Bei Hauskatzen minimiert sich das Risiko zudem noch einmal, da sie in der Regel kein rohes Fleisch verzehren, bei dem sie sich selbst mit Toxoplasmose anstecken könnten.

Hygienische Maßnahmen wie Händewaschen etc. sollten dennoch eingehalten werden. Auch sollte man sich nicht von der Katze das Gesicht ablecken lassen oder sie bei sich im Bett schlafen lassen. Dies sind zugleich alles Maßnahmen, die ohnehin eingehalten werden sollten.

Schwangere müssen dementsprechend nicht ihre Haustiere meiden. Ein hygienischer Umgang mit den Tieren genügt. Vorsicht ist allerdings bei freilaufenden unbekannten Katzen geboten, bei dem Verzehr von rohem Fleisch sowie bei der Gartenarbeit. Auch dort kann man mit Katzenkot in Berührung kommen, sodass das Tragen von Handschuhen erforderlich ist.

Katzen Fortpflanzung

Die Phase, in der eine weibliche Katze paarungsbereit ist, nennt man Rolligkeit. Zumeist wird eine Katze das erste Mal im Alter von sechs bis zehn Monaten rollig. Der Begriff der Rolligkeit beschreibt bereits sehr gut, wie sich weibliche Katzen in dieser ungefähr fünf Tage andauernden Phase verhalten: Sie kugeln auf dem Boden herum, reiben sich an Gegenständen, maunzen laut und stellen ihr Hinterteil zur Schau.

Die Kater werden zum einen durch dieses Verhalten auf die Weibchen aufmerksam und zum anderen – und dies ist bei weiteren Entfernungen besonders wichtig – durch die Lockstoffe im Urin der Katze. Diese Pheromone können über große Distanzen hinweg von den männlichen Tieren wahrgenommen werden und lassen sie solange suchen bis sie das Weibchen gefunden haben.

- Das Weibchen wehrt sich zunächst gegen die Paarung, was sich dann zu einem Spiel abschwächt bis sie schließlich paarungsbereit ist.
- Die Weibchen paaren sich in der Phase der Rolligkeit zumeist mit mehreren Katern.
- Wenn die Katze rollig ist, so kommen die Geschlechtshormone der Katze auf Hochtouren. Sie ist zur Paarung bereit und zeigt diese Bereitschaft durch diverse Verhaltensweisen: Markieren, Jaulen und das Rollen auf dem Boden.

- Die Rolligkeit wird auch durch das Reiben an Gegenständen kund gemacht. Beobachtungen zufolge gibt es auch Katzen, die ihre Paarungsbereitschaft nicht durch eine veränderte Verhaltensweise nach außen hin zeigen. Paarungswilige Katzer nehmen dann jedoch ihren Geruch wahr.
- Kommt es nicht zu einer erfolgreichen Deckung der Katze, so kann eine erneute Rolligkeit bereits nach kurzer Zeit eintreten. Der Hormonhaushalt und das Verhalten der Katze sind vollständig auf die Fortpflanzung eingestellt, wenn die Katze rollig ist. Die Katze erhebt das Hinterteil, um die Deckung zu erleichtern und das Fressverhalten ist weniger stark ausgeprägt als sonst. So auch der Spieltrieb.

Der Stress kann auch dazu führen, dass die Katze versucht von zu Hause zu fliehen, um einen Sexualpartner zu finden, der sie deckt. Unkastrierte Katzen können in einen Zustand der Dauerrolligkeit geraten. Da dieser Zustand nicht förderlich für die Katzengesundheit ist, lässt sich eine Kastration nur anraten, wenn keine Züchtung beabsichtigt ist.

Wer letzten Endes als Paarungspartner gewählt wird, entscheidet das Weibchen ganz von selbst. Die am Boden kauernde Haltung der Katze und das gestreckte Hinterteil signalisiert dem Kater die Bereitschaft zur Deckung. Der Akt dauert nur wenige Sekunden an und endet abrubt mit einem Deckschrei.

Das Männchen wird in der Regel dann gewaltsam abgeschüttelt. Der Geschlechtsakt ist für die Katze recht schmerzhaft, da sich am Geschlechtsteil des Katers Widerhaken befinden. War die Deckung erfolgreich rollt sich das Weibchen mehrmals auf dem Boden.

Trächtigkeit

Die Trächtigkeit von Katzen dauert ca. 58 bis 65 Tage. Bereits nach ein paar Wochen ist erkennbar, dass die Katze trächtig ist: Ihre Zitzen verfärben sich. Einen dickeren Bauch hingegen bekommen trächtige Katzenweibchen erst in den letzten 20 bis 23 Tagen ihrer Trächtigkeit.

Ein Wurf besteht zumeist aus vier bis sechs Jungtieren, bei erstgebärenden Katzen sind es eher weniger, bei einer wiederholten Trächtigkeit kann es auch mehr Nachwuchs geben. Häufiger Grund für das Weglaufen einer Katze ist der Fortpflanzungsinstinkt.

Katzen können dabei bis zu dreimal im Jahr werfen, was verdeutlicht wie extrem hoch der Reproduktionsgrad ist. In diesem Zusammenhang ist es wichtig, sich als Katzenhalter mit der Frage nach der Verhütung der Trächtigkeit, also einer Kastration, zu befassen.

Zum Schluss ein Geschenk für Sie

Katze und Hund im gleichen Haushalt. Geht das?

Hund und Katze gehören zu den beliebtesten Haustieren des Menschen, im Kontakt untereinander tun sie sich jedoch häufig schwer. Dennoch gelingt es geduldigen Tierliebhabern immer wieder, das Eis zu brechen und beide Tierarten in einem Haushalt zu vereinen. Gerade das Zusammenspiel von Hund und Katze bringt oft eine erstaunliche Bereicherung für den Menschen mit sich und kann bewegende Momente bergen. Manche Hindernisse sind dabei zu überwinden, vor allem viel Geduld und Feingespür ist erforderlich und einige kleine Tricks dienen dazu, um die Eingewöhnung von Hund und Katze zu erleichtern.

Wer war zuerst da? – Hund und Katze zusammen halten

Möchten Sie Hund und Katze zusammen halten, müssen Sie darauf achten wer zuerst schon in der Wohnung war. Wenn eines der Tiere bereits zum Haushalt gehört und das andere neu, als Welpe oder aus dem Tierheim, dazu kommt, ist es klar, dass der Hausbewohner sein Revier verteidigen möchte. Betritt der neue Mitbewohner unerwartet die Wohnung oder das Haus, kann das bei Hund und Katze gleichermaßen für Irritationen sorgen.

Den daraus resultierenden, emotionalen Stress gilt es zu lindern, indem beide langsam aneinander gewöhnt werden. Ein neuer Hund im Haus, wenn man schon eine Katze besitzt, ist also zunächst riskant.

Hund und Katze sind in ihren Bedürfnissen unterschiedlich und haben zunächst verständlicherweise Probleme, die Gewohnheiten des anderen zu akzeptieren. Hunde geben sich häufig ungestüm und temperamentvoll und wenn sie außerdem erheblich größer als die Katzen sind, kommt ihr Jagdinstinkt beim Anblick der Katze schnell zum Vorschein.

Deswegen ist anzuraten, den Hund zunächst anzuleinen, auch wenn die Begegnung innerhalb der Wohnung stattfindet. Ist nämlich erst einmal eine tiefe Abneigung zwischen Hund und Katze entstanden, lässt sich diese im Nachhinein schwer wieder beseitigen. Die Katze fühlt sich durch die Präsenz eines körperlich größeren Hundes zunächst möglicherweise bedroht und möchte fliehen. Deswegen ist es für sie wichtig, dass ihr ein Fluchtweg offensteht, etwa eine geöffnete Zimmertüre oder ein erhobener Platz, den der Hund nicht erreichen kann. Für die ersten Begegnungen reichen einige Momente aus, in denen sich die Haustiere sehen und von Weitem riechen können. Wenn sich Hund und Katze angemessen verhalten, ist es gut, sie durch Streicheln und Leckerli zu belohnen.

Hund und Katze aneinander gewöhnen – die Zuwendung aufteilen

Wer Hund und Katze unter einem Dach vereinen möchte, geht am besten taktisch vor und plant die Zusammenführung Schritt für Schritt. Sind beide Bewohner bereits im Haushalt angekommen, ist die räumliche Trennung von beiden für den Anfang sinnvoll, um übersteigerte Reaktionen zu vermeiden. Insbesondere die Futterstelle und der Schlafplatz der Katze sowie die Katzentoilette sollten sich in einem separaten, für den Hund nicht zugänglichen, Raum befinden. Auch das gemeinsame Füttern ist für den Anfang nicht zu empfehlen, weil es die Tiere überfordern kann. Anfängliche Maßnahmen, die Hund und Katze zusammenführen, bestehen darin, die Tiere mit dem Geruch des jeweils anderen vertraut zu machen. Dafür lassen sich einfach Tücher oder Decken, die am Schlafplatz der Tiere gelegen haben, austauschen. Die Reaktion auf den fremden Geruch kann ganz unterschiedlich ausfallen. Die Möglichkeiten reichen von völliger Ignoranz bis zu interessierter Neugier.

Das Experiment kann sogar dazu führen, dass beide Tiere ihren angestammten Ruheplatz vorübergehend ganz aufgeben. Wichtig ist es, die Wohnung oder das Haus während der Eingewöhnungsphase möglichst ruhig zu halten. Eine Umgebung, die schwer kontrollierbar ist, etwa durch Lärm oder kleinere Kinder, könnte die Situation verschärfen. Stattdessen ist es gut, Hund und Katze durch vermehrte Aufmerksamkeit, wie Spielen und Kuscheln, spüren zu lassen, dass sie geliebt und willkommen sind. Es ist zudem günstig, wenn der Hund sich beim Gassi gehen im Freien reichlich ausagiert, dies schwächt sein Bedürfnis, in der Wohnung zu jagen.

Von Auge zu Auge – Begegnungen von Hund und Katze

Werden Hund und Katze zunächst in einem Raum zusammengeführt, ist es förderlich, eine gelassene, wohlwollende Atmosphäre zu schaffen und sich wie gewöhnlich zu verhalten. Dem Hund sollte eindeutig klargemacht werden, dass es nicht erlaubt ist, die Katze zu jagen. Selbst wenn er das verstanden hat, kann es sein, dass es ihm schwerfällt, seine starken Emotionen im Zaum zu halten.

Deswegen ist es sicherer, ihn anzubinden. Für den Anfang ist bei den Begegnungen von Hund und Katze möglicherweise auch ein Maulkorb angebracht, insbesondere, wenn es sich um ein junges Kätzchen handelt. Die Katze benötigt Ausweichmöglichkeiten, die Anschaffung eines hohen Kratzbaumes mit einer oder mehreren Höhlen kann ihr mehr Sicherheit bieten.

Zu Anfang reichen einige Minuten der Begegnung von Hund und Katze aus, allmählich lässt sich die gemeinsame Zeit, auf mehrere Male am Tag verteilt, steigern. Ideal ist es, wenn sich bei den ersten Treffen zwei Personen um die Tiere kümmern. Eine Person sorgt für das Wohlbefinden des Hundes und eine andere kümmert sich um die Katze. Die aufkommende Eifersucht ist so besser zu handhaben.

Zu verstehen ist, dass die Tiere ja von der Zuwendung und Liebe ihrer Halter abhängig sind und den Verlust natürlich fürchten. Ähnlich wie Kinder in einer Familie müssen Hund und Katze lernen, Herrchen oder Frauchen mit dem Mitbewohner zu teilen.

Der Hund tut sich grundsätzlich leichter mit Gesellschaft, da er in der Natur im Rudel lebt. Katzen sind weniger gesellig und benötigen ihren Freiraum. Wenn die Katze über eine Katzenklappe verfügt, die ihr als Fluchtmöglichkeit zur Verfügung steht, wird dies möglicherweise ihren Stress verringern. Das Streunen außerhalb der Wohnung kann zudem ihr Selbstbewusstsein stärken.

Positive Erfahrungen mit Hund und Katze – ein Herz und eine Seele

Ob die Integration der unterschiedlichen Hausbewohner Hund und Katze gelingt, hängt nicht allein von den Bemühungen der Halter ab. Bei manchen Tierpaaren stimmt einfach die Chemie nicht, kleinere Reibereien können dann nach Jahren des Zusammenlebens noch auftreten. Bei anderen Verbindungen von Hund und Katze muss man den Versuch der Integration eventuell ganz aufgeben, weil auch nach längerer Zeit keine Besserung absehbar ist.

Im Zweifel kann ein Tierkommunikator hinzugezogen werden, oft reicht dafür schon eine Konsultation. Einige Beziehungen von Hund und Katze gestalten sich jedoch im Laufe der Zeit sehr harmonisch. Dann ist es möglich, dass beide miteineinander spielen, sich einen Schlafplatz teilen oder aus demselben Futternapf fressen. Ähnlich, wie es bei Menschen ist, sind die Begegnungen in der Tierwelt individuell – entweder es passt oder es passt eben nicht. Schlagen die Bemühungen an und die Tiere finden zueinander, ist die Freude dafür umso größer.

Vielen Dank dass Sie sich für dieses Buch entschieden haben

RECHTLICHES

Impressum

[Nina Kluge] wird vertreten durch:

Angelo Philipona
Nassi 11
CH-3400 Burgdorf

Haftung für externe Links

Das Buch enthält Links zu externen Webseiten Dritter, auf deren Inhalt der Autor keinen Einfluss hat. Deshalb kann für die Inhalte externer Inhalte keine Gewähr übernommen werden. Für die Inhalte der verlinkten Webseiten ist der jeweilige Anbieter oder Betreiber der Webseite verantwortlich. Die verlinkten Seiten wurden zum Zeitpunkt der Verlinkung auf mögliche Rechtsverstöße überprüft. Rechtswidrige Inhalte waren zum Zeitpunkt der Verlinkung nicht erkennbar. Eine permanente inhaltliche Kontrolle der verlinkten Webseiten ist jedoch ohne konkrete Anhaltspunkte einer Rechtsverletzung nicht zumutbar. Bei Bekanntwerden von Rechtsverletzungen werden derartige Links umgehend entfernt.

Printed in Poland
by Amazon Fulfillment
Poland Sp. z o.o., Wrocław

72536493R00047

DE NOUVELLES AVENTURES DE KATE ET
ROBERTO, NOS ENVOYÉS SPÉCIAUX…
PROCHAINEMENT EN LIBRAIRIE !

La

FIN

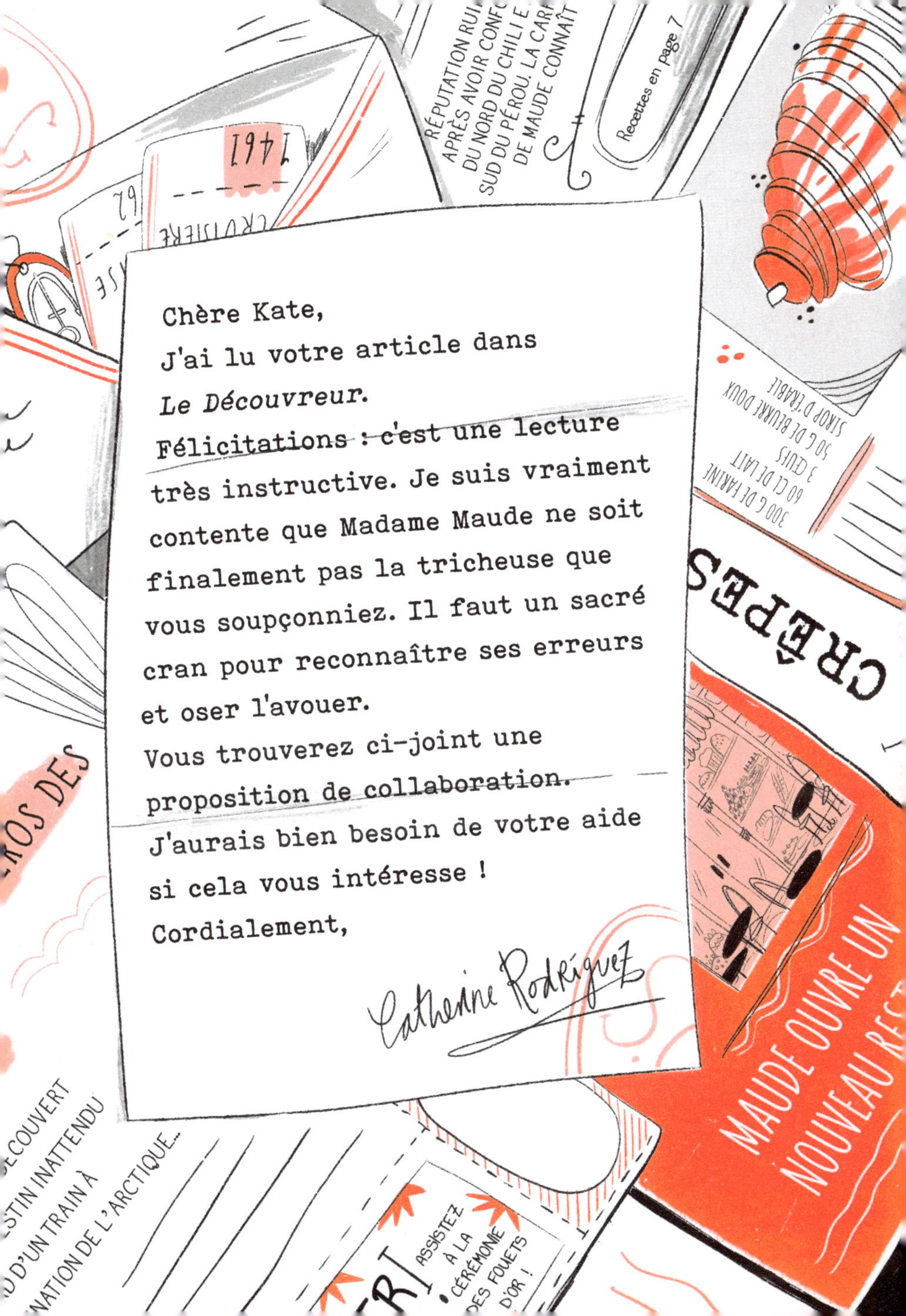

Chère Kate,

J'ai lu votre article dans *Le Découvreur*.

Félicitations : c'est une lecture très instructive. Je suis vraiment contente que Madame Maude ne soit finalement pas la tricheuse que vous soupçonniez. Il faut un sacré cran pour reconnaître ses erreurs et oser l'avouer.

Vous trouverez ci-joint une proposition de collaboration.

J'aurais bien besoin de votre aide si cela vous intéresse !

Cordialement,

Catherine Rodriguez

TIGRE AU FIRMAMENT
ÉTOILES AU MICHELIN
L'ÉCHO DES CUISTOTS
INTERVIEW EXCLUSI
Le Découvreur
65/20
KATE MÈNE L'ENQUÊTE
EN VOITURE POUR DE MYSTÉRIEUSES ET SAVOUREUSES AVENTURES !
REUNIT
SPECIAL